Dafna Mouchenik

Derrière vos portes

Coulisses d'un service d'aide à domicile

Préface de Serge Guérin

Michalon Éditeur

9, rue de l'École-Polytechnique – 75005 Paris
www.michalon.fr
ISBN : 978-2-84186-882-7

Préface

La force fragile

par Serge Guérin
Sociologue, directeur MBA « Directeur des établissements de santé », Inseec Paris

« *Les idées ne sont pas faites pour être pensées, mais vécues.* » Formule de Malraux dans *Les Conquérants*. Cela définit parfaitement Dafna. La lecture de son livre ne fait que le confirmer. Il y a dans ces pages la plus belle part de l'humanité. Pas une humanité rigide, homogène, parfaitement bonne. Non, une humanité du doute, du devoir et du travail. Reprenant le concept de « liberté positive » d'Isaiah Berlin, le psychanalyste Carlo Strenger rappelle que la véritable autonomie de l'individu s'appuie sur l'effort, la raison, le travail et la discipline.

Il aura fallu tout cela à Dafna pour créer et faire avancer LogiVitae. Tout cela, et un grain de folie en plus… Dafna est dyslexique. Moi aussi. En quoi cela est-il intéressant ? Simplement pour rappeler que nos fragilités peuvent être des forces, des leviers pour comprendre les autres, des façons de décentrer sa pensée. Le parcours de Dafna nous dit également combien le doute est nécessaire et fait la force d'un être humain, la force d'une vision libérale de la société. Nous ne sommes pas réductibles à nos origines, à notre religion, à notre sexe ou à notre couleur de peau. C'est le legs majeur des Lumières, c'est aussi ce que montre ce joli livre. Dafna est une fille moderne des Lumières. Une militante de la fragilité et de la sollicitude. Dafna, c'est le Dr Rieu dans *La Peste*. Celle qui reste debout, convaincue que « l'homme n'est pas une idée ».

Camus écrit à propos de ceux qui se dévouèrent et s'engagèrent contre *La Peste* qu'ils n'avaient pas de mérite, car il n'y avait pas autre chose à faire. « *C'est ne pas s'y décider qui eut alors été incroyable.* » Du Dafna tout craché. Merci Dafna pour ce que tu as fait. Merci encore plus pour ce que tu vas faire. Merci pour ce livre, qui est un cadeau pour la sollicitude, un remède contre les cyniques, un élixir contre les relativistes, un carré de chocolat pour celles et ceux qui savent que la vie est tragique et belle.

À tous ceux que je voudrais éternels

Prologue

Si vous voulez comprendre en quoi consiste mon travail, il faut commencer par lire *La vie devant soi* de Romain Gary. Cette histoire crie l'absence de service d'aide et de soin à domicile. En 1975, aucun des dispositifs que je connais n'existe encore et chacun fait comme il peut lorsque la dépendance débarque dans sa vie. Aujourd'hui, si Momo m'avait appelée (oui, je sais, on ne peut pas écrire aujourd'hui et utiliser le passé, mais moi, je le fais), il m'aurait raconté les six étages sans ascenseur, l'histoire de Madame Rosa, Auschwitz qui l'habite pour toujours, le docteur Katz, les voisins qui font ce qu'ils peuvent. Il m'aurait expliqué que ni l'hôpital, ni la maison de retraite ne sont possibles pour la vieille dame, qu'ils ont besoin viscéralement l'un de l'autre, qu'ils s'aiment trop pour être séparés. J'aurais compris. On aurait trouvé des solutions pour prendre soin d'elle à domicile. J'aurais envoyé auprès d'eux une des plus gentilles des aides à domicile de l'équipe : qui de Cyliane, Mimi, Clarisse, Olga, Yvette, Célestine, Rolna… ? J'aurais sûrement choisi Suze. Chaque fois que je rencontre des gens qui ont besoin d'aide et qu'ils ne le savent pas vraiment – des courageux, des sans-le-sou depuis toujours qui font avec pas grand-chose, des « j'ai besoin de rien » – c'est souvent à Suze que je les confie. Les petites gens, les attachants, les bouleversants, elle en prend soin comme s'il s'agissait des siens. Momo l'aurait adorée. Madame Rosa n'aurait pas eu à se cacher dans son trou de juif pour échapper à l'hôpital. On serait passés tous les jours, on aurait fait les courses, un peu de ménage. Moi, j'aurais monté un dossier auprès du département et j'en aurais parlé à Andrée. Tu sais, Momo, il existe des fonds pour les rescapés de la Shoah, Madame Rosa n'aurait rien eu à payer pour nos interventions.

Au début, je sais que tu aurais eu peur, « rapport à l'assistance publique ». Tous les deux, vous vous seriez méfiés, c'est sûr. Lorsque Madame Milan serait passée pour établir votre plan d'aide, vous auriez été étonnés qu'une assistante sociale, ça puisse être de votre côté. Elle aurait pensé à mettre en place le coiffeur à domicile et le passage du pédicure pour que Madame Rosa reste belle. Au milieu de tous tes malheurs, Momo, vous avez la chance d'habiter à Paris, alors y'aura tout ça dans quelques décennies pour les vieux coincés chez eux vivant dans la capitale.

Vous auriez un peu résisté, mais à force de patience, Suze aurait fini par gagner votre confiance. Elle serait venue tous les midis, elle aurait préparé le repas pour Madame Rosa et pour toi, elle en aurait fait plus pour qu'il en reste le soir. Tu l'aurais aidée à faire la vaisselle pour qu'elle ne soit pas trop en retard chez la personne suivante.

Ça sert à ça, un service d'aide à domicile. Ça ne fait pas tout, mais ça aide bien. Le week-end, Fouzia aurait demandé à Adelaïde ou à Aurélie de remplacer Suze. Elles aussi sont incroyables. T'aurais aimé l'avoir en ligne, Fouzia, vous auriez échangé quelques mots en arabe. Peut-être même que tu serais venu jusqu'à nos bureaux pour voir à quoi elle ressemble. Tu l'aurais trouvée belle. Elle aurait été émue jusqu'aux larmes qu'une si jeune personne veille sur sa grand-mère comme tu le fais (oui, nous, on aurait fait simple, on aurait dit que Madame Rosa était ta grand-mère). T'as l'âge de ses garçons, alors, chaque fois, elle t'aurait demandé : « Ça va, tu manques de rien ? Tu sais, Momo, si t'as besoin de quoi que ce soit, on est là. » C'est sûr qu'elle t'aurait dit ça Fouzia, et pas qu'une fois.

Plus tard, quand Madame Rosa aurait été d'accord (oui, j'y aurais été doucement pour ne pas trop vous chambouler), j'aurais demandé au docteur

Katz de faire une ordonnance pour le passage des infirmières. Tété, Isabelle, Emmanuelle, Corinne… Elles seraient passées matin et soir pour veiller sur ta vieille dame. Elles sont payées par la sécu, alors, on peut cumuler nos passages et le leur. Il faut cumuler les deux pour y arriver, SPASAD[1] ou pas. Elles se seraient assurées que ta vieille juive prenne correctement ses médicaments ; elles auraient surveillé ses constantes, comme ils disent ; elles l'auraient aidée à faire sa toilette les matins trop difficiles. On se serait appelés les fois où il y aurait eu un truc inquiétant la concernant. Et puis, bien sûr, j'aurais parlé de toi et de Madame Rosa à Vincent, le psy le plus formidable de Paris. Il serait venu pour discuter un peu avec vous, avec elle. Madame Rosa, elle l'aurait trouvé charmant et drôle (les vieilles dames craquent toutes pour Vincent), elle lui aurait raconté les terreurs qui l'habitent depuis Auschwitz, ça l'aurait soulagée un peu, pas beaucoup, mais un peu c'est bien déjà. J'aurais aussi parlé au docteur Katz du gériatre formidable qui bosse au dispensaire de l'OSE[2], le docteur Cohen. Tu sais, ce n'est pas simple d'être généraliste, il ne peut pas tout connaître de ce qui existe pour soutenir ses vieux patients à domicile. Alors je lui aurais soufflé tous les trucs qui permettent d'éviter la maison de retraite (même avec tout ça, parfois,

1. Services polyvalents d'aide et de soins à domicile.
2. Œuvre de secours aux enfants.

y a pas d'autres solutions, mais pour Madame Rosa, on n'en est pas encore là). J'aurais suggéré un petit bilan mémoire et peut-être que le docteur Cohen aurait proposé que Madame Rosa vienne une à deux fois par semaine à l'accueil de jour. L'accueil de jour, c'est un truc super avec plein de gens bien dedans qui auraient fait des trucs sympas avec Madame Rosa et d'autres vieux comme elle. Ça l'aurait changée de ses quatre murs. Bon, là, pas sûr qu'on y serait arrivés, rapport à ces fichus six étages et ses 95 kilos et des poussières. On aurait fait une demande auprès du bailleur de l'immeuble pour troquer votre 6e contre un autre en rez-de-chaussée. Ça n'aboutit pas à tous les coups, mais faut quand même tenter.

Voilà, on a bien fait le tour de ce qu'on aurait mis en place pour toi et elle. Personne ne nous l'aurait demandé (il faut dire aussi que personne ne nous paye pour ça non plus), mais un service d'aide sans tous les autres ça n'aurait pas été suffisant pour soutenir Madame Rosa. Tu vois, Momo, pour bien l'aider, on aurait eu besoin de tout le monde. Madame Rosa serait morte quand même un jour, au bout d'un moment. « *On n'enfonce pas la vie dans la gorge des gens qui ne peuvent pas se défendre et qui ne veulent plus servir…* »

Bon, d'accord, j'enjolive. C'est sûr que ça aurait été un maintien à domicile compliqué. Et lorsque Suze aurait été malade, Tim t'aurait appelé pour savoir si vous aviez besoin d'une remplaçante. Là, on aurait un peu merdé parce que gérer les remplacements imprévus, c'est une grosse galère pour l'équipe, mais on ne t'aurait pas laissé tomber. Je ne sais pas si nous y serions arrivés, mais ça aurait été plus doux. Sans les services d'aide, c'est comme l'a écrit Romain Gary. Sans nous, t'as vu comme votre histoire finit ? Et là, Momo, tu t'en sors bien, y a une jolie solidarité autour de toi. Monsieur Waloumba, les Zaoum, Madame Lola… Tous essaient d'aider comme ils peuvent. Elle existe encore cette solidarité, mais pas partout et pas toujours. Rien qu'accéder aux appartements, c'est compliqué. Souvent, on n'a pas le badge pour entrer dans l'immeuble (oui, Momo, en 1975, les badges et les digicodes n'existent pas, mais en 2018, on est tous enfermés dehors). Alors les aides à domicile sonnent chez un voisin, n'importe lequel, expliquent qui elles sont, que la personne auprès de laquelle elles se rendent ne peut plus utiliser seule l'interphone. Que faire d'autre ? Eh bien même ça, y a des gens que ça emmerde. Ils n'ouvrent pas la porte. Ils m'appellent au bureau pour se plaindre. T'imagines ça, Momo, y a des connards qui ne veulent pas ouvrir la porte de l'immeuble depuis leur appartement. Ils disent que c'est pas leur boulot. Même s'il y a des services payés pour aujourd'hui, ça n'empêche pas la bienveillance de tous. C'est même le prérequis pour que ça marche.

Momo, si je t'avais rencontré au hasard d'une de mes visites, je t'aurais serré dans mes bras. Ça t'aurait surpris, c'est sûr, mais ton histoire me touche tellement et donne tellement de sens à mon job…

Comment t'as fait, Romain, pour raconter si bien la vie des « je ne peux plus monter les six étages » ? Moi qui les connais pour de vrai, je sais que ce n'est pas qu'une fiction. En 1975, la perte d'autonomie, c'est même pas un sujet, mais en 2018, des Madame Rosa coincées, enfermées dans leur appart, y en a des milliers.

Un service d'aide à domicile un peu extraordinaire

– J'ai très peur du téléphone Monsieur Sébastien, à cause des mauvaises nouvelles ! Car quand on allume la télé, ce ne sont que des viols, massacres et tueries, et cela finit en guerre ! Oui, Monsieur Sébastien ! Moi j'ai vécu la guerre, Monsieur, et les bombardements, et c'était pire qu'avec Hitler ! C'était contre… ah tiens oui, c'était contre Hitler ! Monsieur, en ce moment, les religions, y en a trop ! Et surtout les djihadistes qui coupent les clitoris des femmes ! Et nous, le clitoris, on en a besoin Monsieur Sébastien, hein, pour la jouissance ! Vous, vous êtes un homme, vous connaissez les femmes ? Vous savez que pour arriver à la jouissance, on a besoin du vagin et du clitoris ! Un jour, j'ai eu une dent qui a poussé dans mon sinus ! J'ai deux yeux, deux oreilles, mais une narine, vous me suivez, Monsieur Sébastien ?

Dix minutes sans pouvoir en placer une, un flot de paroles ininterrompu et des propos plus farfelus les uns que les autres. Sébastien n'a même pas pu dire la raison de son appel :

– Euh... Oui, Madame Deli, pourrait-on revenir à l'objet de mon appel ?

Non, visiblement, cette vieille dame de 92 ans, transportée de joie de parler à une vraie personne (le reste du temps, c'est à son chat qu'elle s'adresse), ne lui en laissera pas l'occasion (on ne sait jamais, des fois que ça serait vraiment une mauvaise nouvelle, la raison de cet appel !). Il ne pourra pas lui dire que son aide à domicile arrivera à 17 h au lieu de 16h. Elle s'en fout, Madame Deli, trop heureuse qu'elle sera dans quelques heures d'avoir un prétexte pour nous appeler à son tour :

– Quand même, vous croyez que je suis à votre disposition ?! Ce n'est pas parce que je suis retraitée que je n'ai pas des choses à faire moi, Monsieur Sébastien, je suis occupée. Si vous prenez la liberté de changer les horaires du passage de Leoni, la moindre des choses c'est de m'en avertir ! Comment ça, vous m'avez appelée ce matin pour me le dire ? Visiblement, non ! Je n'ai eu personne ce matin, je m'en souviendrais !

Sébastien l'aime bien, Madame Deli, même lorsqu'elle lui passe un savon. Cette petite dame toute maigre dont le corps ne semble fait que d'os et de peau sans chair, le regard espiègle, s'amuse de lui, avec lui. Il faut dire que pendant des décennies, c'est la vie qui s'est amusée d'elle, avec beaucoup moins de bienveillance qu'elle ne le fait maintenant avec lui. La vie s'est moquée d'elle en réalité, pour ne pas dire « qu'elle s'est foutue de sa gueule, la vie », comme elle le dit. Elle qui aimait tant danser, une amoureuse des bals. Quand elle était jeune fille, il y en avait toutes les semaines des occasions de danser, de se faire belle. Elle était couturière, une Singer « électrique s'il vous plaît, Monsieur, le must de l'époque » occupe toujours le tiers de son minuscule salon, même si aujourd'hui elle ne coud plus. Elle se faisait de jolies robes pour aller danser, elle était certainement très mignonne, en tout cas c'est ce qu'elle laisse penser. C'est lors d'un de ces bals qu'elle a rencontré Monsieur Deli. Ils se sont mariés, il lui a fait trois enfants et puis il s'est barré. C'était fini les bals, notre danseuse est devenue une bête de somme. « Et pourquoi, hein ? » Pour des enfants qu'elle ne voit plus, des petits-enfants qu'elle ne connaît même pas. Il y a bien leur fille qui s'est brouillée avec ses frères et qui s'occupe un peu d'elle. Mais cette fille-là n'a pas d'enfant. Il suffit de l'écouter un peu pour comprendre que ce n'est pas quelqu'un de facile, qu'elle ne l'a jamais été, alors, il ne faut pas trop vite condamner ceux qui l'ont fuie, qui l'oublient. Sébastien, lorsqu'il s'était rendu pour la première fois chez elle, l'a vite compris.

Moment ordinaire de ce petit service d'aide à domicile un peu extraordinaire.

*

L'envie d'être mon propre patron m'avait poussée quelques mois plus tôt à ouvrir les portes de ce service. Décousue, désorganisée, brouillon, pas sûr que j'avais le bon profil pour pareilles fonctions. Je me trompe dans les dates, dans les heures, je me présente aux rendez-vous un jour avant le moment convenu, je me perds dans des couloirs, je lis tout en diagonale alors je comprends l'inverse du message. Je suis souvent guidée par mes émotions plus que par la raison, sans compter que ça ne cadre pas toujours avec le possible ou la réalité. C'est bien aussi, c'est souvent généreux, mais c'est plus incertain comme ça. De toute façon, pas le choix, faut s'accommoder de qui on est…

Je n'ai rien fait comme il faut. Si, un vague business plan griffonné sur une page. Un copain comptable a jeté un œil dessus, il a ajouté deux, trois trucs et il m'a dit : « Voilà, comme ça, c'est parfait, garde-le en souvenir, ça te fera sourire dans quelques années quand ça aura marché. » Il avait raison, j'ai toujours la feuille de papier (merci, Michael). La vérité, c'est que je n'avais pas la moindre idée de ce que c'était de gérer une entreprise. Non, moi, j'avais juste en tête le projet, sa finalité, et je savais que là-dessus, je saurais faire. J'avais bien compris que ce n'était pas simple de rester chez soi quand se pointent la maladie et les gros pépins de la vie. Oui, parce qu'on parle souvent « des vieux », du grand âge, des silvers, des seniors... Ce qui est bloquant, c'est pas la vieillesse – on n'aura pas tous besoin d'aide pour rester chez soi, même lorsqu'on sera très âgés. Non, là où ça pose problème, c'est lorsque le grand âge se conjugue avec maladie, isolement, fractures, fatigue... C'est là qu'on perd son autonomie et qu'on a besoin d'aide. Mon projet, c'est ça : je veux mettre en place cette aide et je veux pouvoir aider tout le monde, même ceux qui ont peu d'argent. Pas simple quand on ouvre un service marchand et qu'on sait déjà qu'il ne sera pas subventionné. Et peu importe qu'il en existe déjà beaucoup, des services comme le mien : face aux prévisions démographiques, je ne serai pas de trop !

Au début coquille vide, sans personne à aider, sans salarié, je ne mesurais pas encore ce que l'avenir allait m'apporter comme difficultés. D'un tempérament optimiste et d'une nature enthousiaste, j'avais aussi de belles qualités pour envisager pareille aventure. Les jugeant suffisantes, il me fallait simplement le local, lieu où le projet pourrait s'ancrer et devenir réalité.

La liberté, la réactivité du secteur marchand me semblaient pouvoir apporter une réponse sociale au vieillissement spectaculaire de la population. Bon, ça, c'est ce que je raconte aujourd'hui, je trouve que la phrase sonne bien, je ne manque pas une occasion de la sortir. Mais, en réalité, j'ai opté pour une SARL à cause de la légende familiale. Elle raconte qu'après avoir créé une association pour enfants handicapés dans le sud de la France à la fin des années 1950, mon grand-père paternel s'en est fait dégager quelques années plus tard par le conseil d'administration. Injustement dépossédé du grand projet de sa vie, un cancer le terrasse. Il est mort à l'âge de 45 ans, l'année suivante. Pas question que ça m'arrive à moi. C'est mon entreprise et puis, je le dis tout de suite, je veux vivre longtemps, aussi longtemps que les gens dont j'allais m'occuper, la santé en plus si possible. Animée d'une sévère envie d'être utile (ça, c'est mon côté un peu boy-scout qui agace plus qu'il ne touche), encouragée par tous les miens (eux, c'est mon truc en plus), candide et confiante (ne dit-on pas que l'enfer est pavé de bonnes intentions ?), le travailleur social que je suis devenais chef d'entreprise.

Un travail qui a du sens

– Lorette ? Il faut plus me l'envoyer chez moi, ma fille, car elle jette tout et fait ce qu'elle veut. C'est elle qui commande et pas moi, et ça, je ne l'accepte pas ! Et en plus elle est grosse et prend tout l'espace de la cuisine quand elle s'y trouve. Et puis elle répond comme elle veut... Elle peut rester une heure dans les cabinets. Son travail ne lui plaît pas. Elle en a rien à foutre et en plus elle est grossière ! Elle a perdu la pelle à crotte de mon chat ! Si vous la voyez, demandez-lui où elle l'a mise ! Bon pour ça, ce ne sera pas la peine de lui faire peur en appelant la police, comme pour les 15 euros et les deux stylos volés par cette fourbe de Lita !

Jugeant qu'il est temps de mettre fin à son interminable monologue, son interlocutrice semblant avoir eu son compte de recommandations et remarques (et puis, il faut en garder pour la prochaine fois, Madame Lampi nous appelle tous les jours), termine la communication par un « Merci de votre dérangement. Vous êtes bien aimable » et finit enfin par raccrocher.

Fouzia, Fouzia, comment ferais-je sans Fouzia ? Elle que les vieilles personnes adorent, elle qui a toujours un mot gentil pour chacun, elle qui rassure, elle qui console, elle à qui les aides à domicile veulent parler lorsqu'il y a un problème à évoquer, lorsqu'elles ne sont pas contentes, inquiètes ou fatiguées. Elles savent que Fouzia comprendra et fera ce qu'elle peut. Fouzia qui a toujours un « ne vous inquiétez pas, on va trouver une solution » et un « moi aussi, je vous embrasse bien fort ». Fouzia qui jongle chaque jour avec une multitude de lignes téléphoniques. Fouzia qui a toujours face à elle une ou plusieurs aides à domicile qui attendent leur tour pour se confier.

Fouzia, pour ceux qui ne peuvent venir jusqu'à nous, c'est une voix. Ils ne la rencontrent jamais, elle reste dans nos bureaux, elle ne se rend pas à domicile ; ça, c'est d'autres qui le font. De toutes les contraintes que lui impose son boulot, c'est peut-être ce qu'elle aime le moins : ne pas rencontrer les gens sur qui elle veille. Elle veille, Fouzia, c'est ça, son job. Elle veille à ce que, quoi qu'il arrive, chaque personne ait le passage de son aide à domicile : parce que sans ça, certaines d'entre elles ne pourront pas sortir seules de leur lit, se préparer un repas, manger, se laver... Elle priorise, quand elle ne peut pas assurer le remplacement auprès de tous. Elle prévient, elle explique, elle s'excuse. Elle passe son temps à dire : « Je suis vraiment désolée. » Depuis des années qu'elle occupe ce poste, elle est rodée à tous types d'imprévus : elle a eu à faire face aux grèves des transports parisiens (et pas qu'une fois), aux incidents de voyageur, à la neige qui paralyse toute l'Île-de-France, aux attentats de Charlie et de l'Hyper Cacher qui ont obligé chacun à se confiner dans les logements jusqu'à ce que les rues soient de nouveau sûres. Elle assure le remplacement ponctuel lié aux maladies passagères des aides à domicile, mis en place le week-end et les jours fériés. Un travail de dingue, mais quel que soit le retard qu'elle a pris, l'angoisse qui pèse sur elle de se retrouver sans solution, de ne pas y parvenir dans les délais, Fouzia prend le temps même lorsqu'elle ne l'a pas. Aujourd'hui, il ne lui serait plus possible de faire tout cela seule, nous accompagnons plus de 600 personnes. Elle est à la tête d'une petite équipe (formidable, au passage) qu'elle guide et qu'elle coordonne, mais au début...

Cette jolie femme de 39 ans est née au Maroc. Son père est venu en France pour y devenir mineur dans le Pas-de-Calais. Quelques années plus tard, sa famille l'a rejoint. Fouzia avait alors 12 ans. Lorsque nous sommes devenues amies, elle m'a raconté combien ce déracinement avait été douloureux pour la petite fille qu'elle était alors. Elle, qui avait le teint mat et qui ne parlait que l'arabe, avait été la cible de la méchanceté de bien des enfants et de certains adultes. L'hospitalité des gens du Nord n'était pas tout à fait raccord avec la chanson d'Enrico Macias. Elle, c'est le racisme et la solitude qu'elle découvrait en France.

Son histoire résonnait fort en moi. Ma mère, arrivée en 1956 à Paris lorsqu'elle était encore bien petite, me racontait des souvenirs similaires. Mes grands-parents et leurs cinq enfants sont originaires de Tunisie. Famille juive séfarade, ils ont été contraints de quitter ce qui était leur pays depuis toujours. Il leur a fallu tout reconstruire ici. Cela avait été une épreuve terrible pour Elvire, ma mère. Le climat, les gens, tout y était froid, indifférent. Elle, qui avait quitté la chaleur et la beauté d'Hammam-Lif, la Méditerranée et le soleil du Maghreb, ne s'est jamais sentie complètement chez elle en France. Une certaine nostalgie l'a toujours habitée. Je sais reconnaître cette douleur chez les autres ; ainsi, Fouzia m'était comme familière.

Fouzia a longtemps travaillé dans la confection, dans le nord de la France où elle vivait alors. Elle y a occupé une situation qui lui plaisait beaucoup. Puis elle s'est mariée et a suivi son époux en région parisienne. Là, elle a été quelques années durant mère au foyer, mais il lui fallait travailler de nouveau. Huit ans qu'elle avait 100 professions[3]. Les femmes qui restent à la maison pour faire pousser leurs petits font 100 métiers : cuisinière, intendante, femme de ménage, accompagnatrice scolaire, prof, garde-malade, guérisseuse de bobo, lingère… Oui, mais voilà, ce n'est pas très vendeur sur un CV. Bref, pour Fouzia, lorsqu'il lui a fallu retrouver du boulot, elle n'a décroché que quelques heures de ménage et de garde d'enfants. Finie la confection, ce métier qu'elle aimait tant. Mais l'histoire n'est pas triste car c'était sans compter sur sa détermination. Et puis, c'est moi qui ai eu besoin de quelqu'un pour récupérer mes deux filles, l'une à l'école, l'autre à la crèche, et d'aide pour garder la maison propre. C'est comme ça que nous nous sommes connues. Fouzia vivait alors à Saint-Denis avec son mari et ses deux garçons. Ils ont cinq ou six ans de plus que mes enfants, mais quand on se rencontre, eux aussi sont encore petits. Je comprends vite que c'est un déchirement pour elle de rentrer aussi tard, elle qui comme une louve a veillé sur eux à chaque instant.

Lors de notre première rencontre, j'ai senti chez cette femme discrète une grande humanité, une certaine fragilité aussi. Elle me racontait qu'en plus des

3. C'est mon amie Gaëlle qui écrivait ça quand il fallait renseigner la profession de sa mère à l'école.

quelques heures réalisées auprès de mes enfants, elle travaillait aussi pour des personnes âgées. J'étais certaine qu'elle le faisait avec sensibilité et finesse.

Elle s'est occupée de mes enfants pendant deux ans, une dizaine d'heures par semaine. Mes petites l'aimaient comme une seconde mère. Avec elle, j'avais l'esprit libre ; je savais qu'elle veillait sur ma maison comme si c'était la sienne. Mais une fois la deuxième année scolaire terminée, elle m'annonça son départ. Elle rêvait d'autres perspectives professionnelles. Lesquelles ? Elle ne le savait pas encore, mais viendrait le jour où mes filles n'auraient plus besoin de sa présence, de sa vigilance. Et après ? Une autre famille, d'autres heures de ménage ? Elle voulait autre chose, peut-être reprendre une formation, rien de très défini m'expliqua-t-elle, mais elle ne travaillerait plus dans ma maison à la rentrée, c'était décidé. Le cœur me serrait de la voir nous quitter, mais moi-même, dans sa situation, j'aurais fait le même choix : se lancer dans autre chose, savoir de quoi on est capable lorsque l'on vise la lune, que l'on décide que nos rêves deviendront réalité.

Moi aussi je rêvais. Cela faisait déjà plusieurs semaines que j'avais décidé l'ouverture de mon service d'aide (quelques semaines, ça peut paraître très court pour un tel projet, mais dans ma représentation du monde, j'étais persuadée d'avoir pensé à tout). Il est vrai que dans mon plan, un salarié à ce stade n'était pas au programme. Avec quel argent le payer ?

Pourtant, il y avait cette petite voix dans ma tête qui me disait : « Ne la laisse pas te quitter. » Fouzia parlait le français sans aucun accent et le lisait parfaitement, elle avait gardé un écrit phonétique qui rendait difficile son intégration dans un emploi tertiaire, mais elle savait écouter, trouver les mots pour rassurer. Elle avait également un grand sens pratique. Efficace et rapide, je me suis dit qu'elle aurait sa place à mes côtés, que ce serait une aide précieuse. Le pari était risqué ; la maîtrise de l'écrit était indispensable pour être crédible aux yeux de ceux qui allaient un jour (c'était sûr) nous confier les personnes que nous aiderions. Je savais de quelle façon nous serions perçues si mail, lettre, rapport leurs parvenaient truffés de fautes. Combien de fois m'a-t-il fallu moi-même surmonter cette difficulté ? Grande dysorthographique, j'écris encore un peu (beaucoup) comme je parle. Petite fille, j'étais incapable de mettre en application la moindre règle de grammaire ou de conjugaison ; cela n'avait pour moi aucun sens, pas de résonance. Je pouvais transcrire le même mot avec quatre orthographes différentes dans un même texte sans m'en rendre compte. L'école avait été une série d'échecs, un moule improbable dans lequel je ne rentrais pas. Je me disais que mes innombrables fautes étaient les poux de mes devoirs écrits, dégoûtants et faisant se détourner les yeux de mes lecteurs comme on détourne les yeux d'une tête infestée.

Mes douleurs de petite fille (oui, l'échec scolaire, c'est douloureux, personne n'a envie d'être un cancre, demandez à Daniel Pennac pourquoi il a écrit *Chagrin d'école*) m'ont appris à ne pas avoir de jugement expéditif concernant ce point. Je ne juge pas non plus les gens sur leur niveau d'études, cela m'importe peu en réalité. En plus, Fouzia avait commencé par lire et écrire l'arabe avant d'apprendre à parler français ; je comprenais d'autant plus ses difficultés. Elle, que le système scolaire avait bien dévalorisée, eut du mal à accepter le poste que je lui proposais. Elle ne pouvait pas imaginer que ce qui m'amenait à lui faire pareille proposition était ses qualités et non l'affection que je lui portais. Je dois reconnaître qu'il y avait un peu des deux.

Fouzia saisit finalement sa chance. Une fois l'été passé, elle me rejoignit dans mes minuscules bureaux. Philippe, mon ami de toujours, m'avait aidée à les trouver. Il m'avait prêté également un peu d'argent. Je savais que le temps était compté, je planais beaucoup, mais sur ce point, j'avais les pieds sur terre. Avec la contribution de Philippe et les économies faites en prévision, je pouvais payer le loyer et le salaire de Fouzia sur quelques mois seulement.

Philippe, sa sœur et moi, nous nous connaissons depuis toujours, nous avons passé toute notre enfance et notre adolescence ensemble, nous sommes pour ainsi dire de la même famille. Il a pour moi une infinie tendresse et une confiance sans limite. Il sait que je ne suis pas vraiment capitaliste. Non pas que ce soit un gros mot, mais mon objectif n'était pas là : vivre convenablement de cette aventure serait déjà fabuleux (aujourd'hui, je dirais que c'est le minimum vu les efforts que cela demande). Je pensais qu'il ne gagnerait pas d'argent en m'aidant ainsi, mais il était certain de ne pas en perdre et la fierté de contribuer à ce joli projet semblait lui suffire.

Nous n'imaginions pas, Fouzia et moi, en septembre 2007, lorsque nous nous sommes retrouvées la première fois dans ces petits bureaux après avoir chacune accompagné nos enfants à leur rentrée des classes, que quelques années plus tard, nous serions tellement occupées. Maintenant, nous n'avons même plus le temps de déjeuner, ou d'échanger quelques mots d'ordre personnel ; même le temps de se rendre aux toilettes est périlleux, les Madame Lampi et Madame Deli veillent à ce que nous ne nous tournions pas les pouces. « Je ne veux plus de la chipie qui a un culot monstre. Elle n'écoute rien, ne veut rien faire, à la fin, elle préfère s'en aller (lorsque l'intervention est terminée, quoi !) », explique l'une d'elles à Fouzia ; « Elle est turbulente, ronchon et fait tout le temps TATATA ! La dernière fois, elle m'a laissé tout en l'air. C'est moi qui ai dû faire le ménage et je suis restée deux jours sans pain ! Samedi et dimanche ! Sans même une croûte ! Il faut vous en débarrasser ! » Elles sont nombreuses, les petites dames, à nous dire qui est valable et qui ne l'est pas. Elles ne s'embarrassent pas du Code du travail, tatata, elles te ficheraient tout le monde dehors, oui ! L'interlocutrice de Fouzia voudrait à la place Anne, « qui écoute et fait : elle est très intelligente ». Pour résumer, elle veut une bonne pour 14h. Notez le sens de la formule que Madame Mimo emploie pour ne pas avoir à le dire ! Mais Fouzia ne perd pas son calme. Elle reprend, elle défend, elle explique : Madame Mimo aura une aide à domicile à qui elle devra parler gentiment, sans perdre son calme, sans quoi plus personne ne voudra revenir chez elle « et nous nous trouverons sans solution ». Elle a épuisé un paquet déjà d'aides à domicile !

Toute cette effervescence, toute cette agitation, quel contraste avec les premières semaines, quelques années plus tôt ! Il s'en est passé du temps avant que quelqu'un se perde et fasse appel à nous par inadvertance. Pourtant, le calme des premiers mois ne m'a pas inquiétée. Fouzia connaissait déjà le job des aides à domicile pour en avoir elle-même assuré les missions. Elle ne partait pas de rien. Qu'elle ait été confrontée aux difficultés de terrain, qu'elle ait eu à courir d'un domicile à un autre, à s'adapter à chaque fois à de nouvelles personnes, lui seraient une grande force et l'aideraient véritablement dans les fonctions qu'elle occuperait plus tard.

Avec le recul, la confiance qui m'habitait était tout à fait incongrue : illuminée, je ne doutais pas. Dans *Ghostbusters*, il faut un temps certain aux chasseurs de fantômes avant d'avoir du boulot. Bah, oui, c'est vachement crédible comme film, normal que je me rassure en me rappelant que les trois héros ont galéré comme nous avant d'être débordés !

J'ai profité de ce calme (qui ne pouvait être que) temporaire, pour présenter à Fouzia les différentes politiques sociales parisiennes, l'utilisation du logiciel professionnel… Je prenais le temps de partager avec elle les moyens dont je dispose pour désamorcer toute colère, consoler, rassurer… Je m'enflammais un peu. Je lui disais : « Notre travail a du sens. Il demande intelligence et sensibilité. Faire au mieux, au plus proche des situations, au plus proche des gens, avec pas grand-chose, voilà ce qu'il nous faut accomplir. La question n'est plus tant de vivre longtemps – ces vieux messieurs et ces vieilles dames ont déjà traversé les âges – mais de vivre bien, ou le mieux possible ou le moins mal possible. »

Je devais être pénible en plus. Je voulais absolument que cet allongement spectaculaire de la vie soit une chance. Oui, c'est une chance, tant qu'on a la santé, qu'on dispose de soi comme on l'entend, qu'on a des projets, que les gens qu'on aime sont encore en vie… Mais sans tout ça, ce n'est pas gagné de vendre « cette vie sans fin » à ceux qui sont malades, démunis et seuls. Quand j'y repense, j'ai dû lui casser la tête à ma pauvre Fouzia, avec mes grandes phrases ! Elle devait se dire : « C'est bien joli mais en attendant on n'a pas de boulot. » Parfois, elle se risquait timidement à me faire remarquer qu'il ne se passait toujours rien, mais tout doucement, comme on parle à un somnambule. Ne dit-on pas qu'il ne faut pas le réveiller sans prendre le risque de le choquer profondément ? J'étais convaincue que ça allait marcher. J'avais 31 ans, j'étais la somnambule de ma délicate Fouzia.

Un logement adapté et la vie continue à domicile

Comment ça a vraiment commencé ? Comment passe-t-on du calme absolu à l'agitation dans laquelle nous nous trouvons aujourd'hui ? Pas de pub (pas le budget) et pas de piston (pour cela, faudrait-il encore connaître du monde, mais je ne connaissais personne à l'époque). Mon père me dit toujours : « Mémé Rose veille. » Mémé Rose était sa grand-mère. Ils s'adoraient tous les deux, il m'en a toujours beaucoup parlé. Aussi est-il convaincu qu'à chaque fois qu'il se produit quelque chose de bon pour lui ou ses enfants, c'est grâce à Mémé Rose. Alors, merci Mémé Rose ou merci à la chance, la chance qu'une vieille dame soit dans la panade, qu'elle nous trouve et que nous devenions sa chance à elle.

Nos bureaux sont au fond d'une impasse très peu fréquentée (comme ça, aucune probabilité qu'on nous trouve, c'est mieux pour démarrer une affaire). Qu'ils soient tout près de chez moi était mon seul critère, avec un loyer le moins cher possible. Je n'avais pas ciblé de lieu stratégique (près de la maison des seniors particulièrement fréquentée par le public visé, ou encore face à la mairie, permettant ainsi un partenariat). Ma seule préoccupation était de pouvoir accompagner mes filles à l'école chaque matin : ma grande rentrait en CP et ma petite en première section de maternelle. Je ne voulais pas en louper la moindre miette et gaspiller un temps précieux en temps de transport.

Alors, quand le téléphone a sonné pour la première fois…

« Bonjour Madame, que puis-je faire pour vous ? Ne quittez pas un instant, je vous passe ma collègue qui pourra vous renseigner davantage », avait dit Fouzia pour laisser penser que la dame appelait un lieu sérieux, convaincues que nous étions en réalité deux fillettes jouant comme dans la cour de récréation une situation imaginaire. Elle avait dû contacter tous les services d'aide à domicile de Paris avant de trouver le nôtre, cette dame. Personne ne nous connaissait et nous ne connaissions personne, c'est plus tard que le bouche-à-oreille s'est mis à fonctionner. Je ne sais toujours pas comment elle a trouvé nos coordonnées.

Sa demande était, il faut le reconnaître, vouée à s'entendre répondre : « Désolée, il nous est tout à fait impossible de vous aider. » Cette femme de 75 ans était couturière et n'avait jamais cessé d'exercer. Elle avait un petit atelier dans le XIIe arrondissement de Paris. Son mari souffrait de la maladie d'Alzheimer depuis plusieurs années. Pourtant, chaque matin, ils partaient en voiture tous les deux et passaient leur journée ensemble. Ainsi, l'amour de sa vie n'était pas seul et la couturière pouvait repriser, ajuster pour les dames du quartier. Ce qu'elle aimait par-dessus tout, c'était confectionner de jolies robes de mariée, elle était douée pour ça. Combien il était bon de se rendre ainsi dans son petit magasin !

Toute cette organisation avait jusque-là parfaitement fonctionné. Le couple ne demandait rien à personne et c'est ce que tout le monde leur demandait. Mais voilà, cette saloperie d'Alzheimer se délectant de ses neurones était parvenue à endommager la zone du cerveau permettant à son mari de marcher (elle y va fort, Mémé Rose, quand il s'agit d'aider les siens !). Ils étaient donc à présent prisonniers de leur minuscule appartement situé au troisième étage d'un petit immeuble sans ascenseur (comme Madame Rosa). C'est pour cette raison que

Madame Aliko nous demandait de l'aide. Elle cherchait quelqu'un capable de porter son mari, à bras-le-corps, afin de descendre les trois étages chaque matin et de les remonter tous les soirs.

Je suis complètement dépitée. Enfin, le téléphone sonne et c'est Arnold Schwarzenegger qu'on me demande, nous qui en réalité n'avons même pas une aide à domicile classique, standard, de base ! Une qui, sans soulever 100 kilos chaque matin, saurait préparer un repas, faire quelques courses, un peu de ménage, le tout parsemé de gentillesse et de bonne volonté.

Il y a dans la voix de mon interlocutrice courage et détermination. Il m'est impossible de lui dire juste « non », comme d'autres ont dû le faire avant moi. Peut-être pouvais-je envisager avec elle d'autres solutions ? Si elle le souhaitait, je pouvais venir la rencontrer chez elle, et ensemble nous pourrions tenter de résoudre l'équation. L'idée de ma visite prochaine lui donnait une perspective. Quelle perspective ? Je n'en avais pas la moindre idée mais un peu d'espoir.

Je me rends chez elle sans bien savoir ce que je peux faire pour eux. Je suis reçue de façon charmante par une dame aux cheveux gris ramassés sur le sommet de la tête en un chignon ; elle a tout de la mamma italienne telle que je me les imagine. Elle fait face aux difficultés de la vie sans jamais s'en plaindre. Son mari est là, assis dans son fauteuil. Il ne parle plus. Son regard est sans expression, son esprit semblant s'être absenté de son corps. L'appartement est minuscule et encombré. « *Sur la table du salon qui brillait comme un soulier, il y avait un joli napperon. Et une huître-cendrier, il y avait des fruits en plastique vachement bien imités dans une coupe en cristal vachement bien ébréchée* », tout comme dans la chanson de Renaud… Mais tout y est propre et bien rangé. Ils vivent là depuis plus de quarante ans. Envisager de déménager serait comme quitter l'Italie une seconde fois. Cet appartement est leur bulle, ils y ont tous leurs repères ; il vaut mieux encore en être prisonniers plutôt que de le quitter pour un rez-de-chaussée anonyme.

Assise près d'elle sur le canapé, je l'écoute me raconter son arrivée en France, sa rencontre avec son mari, le travail, la naissance et le départ des enfants, le départ en retraite de son époux… Toute une vie défile ainsi en moins d'une heure. Tout au long de son récit, Madame Aliko a sans cesse des gestes de tendresse pour son mari, s'inquiétant de savoir s'il a soif, s'il a froid, s'il est bien assis… De temps en temps, l'esprit de cet homme semble ré-habiter son corps et son regard devient alors expressif.

Son problème est désormais le mien. Nous agissons l'une envers l'autre comme si nous n'en étions pas à notre première rencontre. Je souris à son mari ; de temps en temps, je lui prends la main. Elle est touchée par ma manière de l'inclure dans nos échanges. J'ai un physique propice à la situation. Petite et fluette, j'ai une voix douce et posée. J'aime ces rencontres, rentrer dans l'intimité des gens pour tenter de leur apporter de l'aide. Je leur semble si jeune, parfois un peu fragile.

Nous imaginons des solutions. Il faut installer un ascenseur. Impossible, elle y a déjà pensé. La copropriété est trop petite et trop pauvre pour supporter pareille dépense, et puis, il n'y a pas assez de place dans la cage d'escalier pour une telle installation.

Et pourquoi pas les fameuses rampes avec fauteuil intégré ? Un rail fixé au mur faisant monter un siège sur lequel son mari s'assiérait pour monter et descendre. Habituellement, cela s'installe dans les maisons, mais pourquoi pas dans un immeuble ? Madame Aliko semble ravie. Elle va poser la question aux copropriétaires, connaissant certains depuis presque trente ans, ils seront d'accord à condition de ne pas payer. C'est donc sur cette touche optimiste que se termine notre première rencontre. Elle doit me rappeler une fois l'accord obtenu afin d'envisager la seconde phase du plan : le financement de l'installation !

À mon retour au bureau, j'interroge Fouzia sur d'éventuels appels en mon absence (le téléphone avait déjà sonné une fois, cela pouvait arriver de nouveau !). Elle me regarde désolée, me faisant signe que non de la tête. Pour elle, les journées sont particulièrement longues et ennuyeuses. Pour moi, c'est différent, je me trouve une multitude de choses à faire : dossiers administratifs à remplir pour obtenir conventions et partenariats, rédaction de notre site internet... Toutes ces choses que je n'aurai plus le temps de faire après.

Madame Aliko me rappelle quelques jours plus tard. Elle est aussi triste qu'elle a été joyeuse lors de mon départ. Contrairement à ce qu'elle avait pensé, les voisins ont refusé l'installation de la rampe qu'ils jugent inesthétique (alors avec un vieux monsieur malade dessus, l'horreur !). Je la console. Elle ne va pas se décourager, elle qui a jusque-là su faire face à bien d'autres épreuves. Il doit très certainement y avoir une solution permettant de monter et de descendre les escaliers sans abîmer les murs ! Mes quelques phrases ont les effets que j'espérais. Ma couturière a juste besoin d'un coach finalement pour la rebooster !

À force de persévérance, elle finit par être mise en relation avec l'équipe d'ergothérapeutes de la sécu. Ils ont à leur disposition une multitude de matériels médicaux. Là, elle peut voir fonctionner un fauteuil roulant intelligent sachant monter et descendre toutes sortes de marches et d'escaliers en toute sécurité, sans que rien ne soit pour autant fixé au mur, ni au sol. Un truc de dingue, je ne savais même pas que ça pouvait exister ! C'est le tapis volant des fauteuils roulants, le siège semble en lévitation et se moquer de la gravité. Nous l'avons notre solution, un Arnold Schwarzenegger mécanique ! Avec lui, Monsieur et Madame Aliko sont à nouveau libres de ne rien demander à personne. Oui, mais l'appareil coûte plus de 5000 euros, autant dire pour eux un milliard de dollars… Un peu cher le droit de se foutre de Newton.

Monter des demandes de subvention, voilà un truc que je peux faire. C'est très très chi… embêtant, pas du tout intéressant, mais rien de bien compliqué. Ça prend du temps, c'est tout. Il faut taper à toutes les portes, remplir des formulaires en plusieurs exemplaires, fournir de nombreux documents qui vont bien avec. Comme les deux héros des *Douze travaux d'Astérix*, je suis promenée de bureau en bureau, d'étage en étage dans toutes les institutions que je sollicite, mais moi, ça ne me rend pas dingue : du temps, j'en ai et j'aime bien papoter avec des gens que je ne connais pas. Je raconte à qui veut bien l'entendre l'histoire d'amour de Monsieur et Madame Aliko et comment Schwarzenegger pourrait péter la gueule à Newton si on trouvait l'argent. Bon, évidemment, je ne l'ai pas racontée comme ça, mais j'aime bien cette version. Le couple pouvait financer 500 euros, il fallait donc trouver le reste. Paris fut la première à mettre la main à la poche, France Alzheimer vint ensuite, la mutuelle et la caisse de retraite de Monsieur Aliko apportèrent également leurs contributions. Enfin, la caisse d'assurance maladie débloqua les centaines d'euros manquants et Schwarzenegger fut acheté (elle assure, Mémé Rose).

Le couple a repris sa vie d'avant, se rendant chaque jour dans le petit atelier de couture. Je crois qu'ils n'eurent jamais besoin d'aide à domicile. Ils furent libres quelques années encore… Madame Aliko venait souvent me faire un petit coucou durant les premiers mois, mais le temps passant, je ne l'ai plus revue.

Ça fait sourire en 2007 quand je le dis, mais moi, je suis déjà sûre que robots et autres objets du futur vont permettre à nos vieux humains de rester chez eux, et ce sera bien avant 2050.

*

Bon, mais si finalement Madame Aliko se débrouille sans moi, alors je me retrouve à nouveau sans rien avoir à faire. Sans compter que je ne lui ai évidemment rien demandé pour tout le temps que cette histoire m'a pris. J'avais fait tout ça pour rien. Eh bien non, ce n'était pas pour rien. Cette dame m'a apporté, sans que je m'en doute, autant d'aide que j'ai pu lui en donner. Quelques-unes des personnes que j'avais rencontrées grâce à elle m'avaient demandé ma carte. Paris, les mutuelles et caisses de retraite en avaient un paquet, de « causes perdues », sur les bras. Nous allions nous voir confier de nombreuses personnes dont la situation semblait délicate ou compliquée. Ils allaient nous en donner, des personnes âgées démunies, des gens dans des situations précaires. C'est comme ça que l'histoire commence vraiment.

Maintenant le téléphone sonne, trop parfois…

Créer du lien

Maintenant, on nous confie plein de gens en nous demandant de faire vite, c'est toujours urgent. On m'appelle aujourd'hui, mais en fait c'était déjà pour hier. Alors vite, vite, je me rends sur place. Je rencontre la personne chez elle, j'essaie de créer du lien. C'est d'abord ça mon travail : créer une relation de confiance qui permettra que la porte s'ouvre ensuite sur l'aide à domicile qui viendra. Ça et trouver le financement pour sa venue lorsque les gens n'ont pas d'argent. Oui, parce la question de « qui et combien on paye » est LA question qui fâche. Si ma visite et ce travail ne sont pas facturés, la venue prochaine de l'aide à domicile n'est pas gratuite. Eh oui, ni elle ni moi ne sommes bénévoles et si on n'est pas à la minute, et que je donne de mon temps, il faut bien faire bouillir la marmite. Ça en choque beaucoup quand je le dis. « Alors c'est ça, sous votre air angélique, vous êtes là pour l'argent ! » Si c'est dit pour me faire de la peine, ça marche plutôt bien. Je n'avais jamais eu à faire payer mon travail avant, je ne vendais rien. Mon salaire était réglé par mon employeur et mon employeur était une commune, j'étais fonctionnaire. J'ai fait un sacré grand écart ! Alors je peux vous dire que ça m'a fait tout drôle ce nouveau rapport avec les gens…

Heureusement, il y a des solutions pour ceux qui sont sans le sou. Il y a de belles et grandes politiques sociales dans notre pays et en plus, on est à Paris. Ça ne solutionne pas tout, on peut trouver cela insuffisant, mais ça finance quelques heures, ce n'est pas rien. Non, le véritable casse-tête, c'est le recrutement. Elles sont rares ces femmes (je dis ces femmes parce que c'est quasiment elles qui font ce boulot) et l'organisation des emplois du temps, ça l'est toujours d'ailleurs. Mais me rendre chez les gens, j'adorais ça !

*

Dans le XIXe arrondissement, je fais la connaissance de Madame Nat, vieille dame amputée de ses deux jambes. Ça fait longtemps qu'elle n'a plus de jambes, Madame Nat. Enfant, elle a été trouvée quasi morte de froid dans je ne sais plus quelle montagne. En 1941, sa famille fuyait la France en passant clandestinement une frontière, je n'ai pas plus de détails. Le passeur les a abandonnés une fois l'argent empoché. Perdus dans les pâturages, inexpérimentés, ils s'étaient fait surprendre par une tempête de neige. La petite fille avait pu être sauvée je ne sais pas trop comment, mais il avait fallu lui couper les deux jambes, la glace s'y étant définitivement installée. Dans son malheur, elle avait gardé ses genoux. Grâce à eux, équipée de deux prothèses, elle marchait presque normalement à l'intérieur de son domicile. Elle semblait s'être depuis toujours très bien débrouillée et ce n'était pas la raison de notre rencontre. En réalité Madame Nat n'avait pas de problème, c'est ses voisins qui en avaient un : « Mais que fait la mairie ? J'ai vu des cafards sortir de sous sa porte ! Les services sociaux sont juste bons à bouffer l'argent de nos impôts ! Foutent rien ces fonctionnaires ! » Pauvre assistante sociale, elle faisait ce qu'elle pouvait avec les moyens qu'elle avait, mais comment aider quelqu'un qui ne veut rien ?

Madame Nat en avait déjà dégagé deux ou trois des comme moi. On ne peut pas franchement dire qu'elle était contente de me voir. Elle avait entrebâillé la porte et tenté de me convaincre de repartir, que tout allait bien ! Il me fallut insister pour qu'elle me laisse entrer. Ma bouille de fillette n'avait aucun pouvoir sur elle. L'accueil fut plus que mitigé, carrément austère. Pas question qu'elle ait quelqu'un chez elle toutes les semaines ! Et pour quoi faire en plus ? Du ménage ! Comme si elle ne le faisait pas déjà elle-même ! « Et qu'est-ce que ça peut leur foutre aux gens, ce qui se passe chez moi ? »

Je ne sais pas comment, mais je suis entrée. Peut-être que mes « je resterai pas longtemps » et mes « je ne suis pas là pour vous embêter » ont fonctionné. C'était la première fois que je voyais un logement dans un état pareil. J'étais très impressionnée, mais je faisais tout pour que Madame Nat ne s'en aperçoive pas. Ça sentait mauvais et le sol était collant, normal, où est le problème ? Comment décrire ce que je voyais ? Terriblement encombré ? Trop léger. Capharnaüm ? Là, on s'en approche un peu, la crasse en plus. Oui, parce qu'on peut vivre dans un capharnaüm propre, je le constaterai par la suite.

Avec la guerre, le froid, les privations, Madame Nat avait manqué de tout ; du coup, elle ne pouvait plus se séparer de rien. C'était du moins l'explication que je me donnais pour tenter de comprendre comment on peut aimer/vouloir vivre comme ça. Petit à petit et sur des décennies, les « objets » avaient envahi le moindre espace : les dessus de meubles mais aussi les dessus de chaises, tout ce qui pouvait servir de support était recouvert de… « choses » ? Madame Nat gardait tout : prospectus publicitaires, journaux et magazines, mais aussi rouleaux de papier toilette, pots de yaourts, boîtes en carton, bouteilles en plastique, papiers d'emballage, sacs plastique, sacs en papier et j'en passe : tout lui était indispensable et rien ne pouvait être jeté !

Elle accepta de me montrer sa chambre à coucher, elle qui ne voulait même pas me laisser entrer. Petite victoire. Sa chambre ressemblait à une… grotte, un terrier ? Il y en avait partout, partout ! De quoi, je ne sais pas, mais partout. Seul un petit passage était dégagé, lui permettant d'accéder au lit. Lui-même était recouvert de papiers et d'objets. Peut-être que les mots « désordre chaotique » s'étaient mariés simplement pour raconter cette chambre à coucher. Je me demandais : « Mais comment dort cette vieille dame ? » Oubliant complètement ma stratégie de « tout est complètement normal dans cet appart », j'ai laissé échappé :

– Vous voulez que je range un peu pour vous faire de la place ? Vous dormirez mieux cette nuit.

– Mais non ma cocotte, regardez la petite place là où il n'y a rien.

Effectivement, il y avait dans un coin du lit un endroit dégagé.

– Eh bien, quand je retire mes prothèses, j'ai pas besoin de plus !

Sa réponse était tellement inattendue, je ne sais pas si c'était nerveux ou véritablement drôle autant que sordide, mais j'ai été prise d'un fou rire, un fou rire incontrôlable. Un rire qui fait pleurer les yeux, un rire où l'on replie les bras sur ses côtes pour tenter de détendre un peu la contraction abdominale qu'il provoque. Ce fut rapidement contagieux. Nous étions toutes les deux hilares. Il était donc pratique de ne pas avoir de jambes, du moins, elle semblait le vivre comme ça! Le courant était passé. Elle accepta que je l'aide un peu, à la condition que ce soit elle le chef! Pas question d'envisager de jeter le moindre papier, de ranger autrement le moindre objet, mais d'accord pour un peu de ménage. Elle avait aussi besoin d'aide pour les courses, point final. Je promis que dans sa maison, elle resterait « seul maître à bord ».

Pendant que je rencontre les invisibles de Paris, Fouzia est seule avec téléphone et aides à domicile. Elle se débrouille plutôt bien, mais la première hospitalisation, le premier décès ont été pour elle un terrible chagrin, une douleur à laquelle elle ne s'attendait pas. Ça l'est toujours d'ailleurs, mais de manière moins incisive. Sans perdre cette empathie, elle a appris à ne plus pleurer. Enfin, presque plus. Des gens qui allaient mourir, aussi curieux que cela puisse paraître, ça n'était pas dans mon programme. La mort, c'est de la fiction, ça n'existe pas dans la vraie vie.

*

Dans le XIIe arrondissement, je rencontre Monsieur et Madame Alalof, un petit couple tellement mignon. Ils vivent chez leur fille ; l'appartement est spacieux et coquet, il y sent bon le propre et l'odeur du café. Le monsieur à qui je plais tout de suite m'explique qu'il a besoin d'aide pour son épouse. Ils sont reconnaissants que leur fille les héberge, mais ils ne veulent pas être une charge. Aussi comptent-ils sur moi pour lui envoyer une aide à domicile qui réaliserait les tâches que sa femme ne parvient plus à faire seule : se laver, s'habiller, préparer le petit déjeuner… Il a été très échaudé par d'autres avant moi et me demande de lui dire franchement : « C'est dans vos cordes ou pas ? » Ça l'est.

Leur fille n'était pas présente le jour de ma visite, mais elle n'a pas manqué de faire savoir qu'elle était là, et bien là ! Femme à poigne, elle se montre extrêmement autoritaire lors de nos premiers échanges, menant Fouzia et moi à la baguette : « Bon, c'est quoi encore, ce bazar ? Pourquoi elle n'est pas encore arrivée, Hynda ? Vous pensiez ? Mais je ne vous paye pas pour penser moi, Madame, je vous paye pour m'envoyer quelqu'un à l'heure ! » C'est Fouzia qui a eu le plus de mal, elle ne s'attendait pas à ce qu'on lui parle ainsi. En plus, elle avait décalé tout le planning de Hynda exprès pour les parents de Madame Alalof, son papa lui ayant dit qu'il serait mieux qu'on ne soit pas là en même temps que l'infirmière. Alors, elle l'avait carrément mauvaise d'apprendre qu'elle n'était pas payée pour penser, Fouzia !

Avec le temps, la fille de Madame Alalof a fini pourtant par l'adorer, heureuse de constater qu'elle n'avait pas besoin qu'elle la paye pour qu'elle pense et veille sur ses parents. Elle gardait ce ton punchy lorsqu'elle nous appelait, mais elle était très sympa. L'aide mise en place fonctionnait et Hynda qui se rendait chez eux leur convenait. Ils s'y attachèrent. Leur fille est devenue bienveillante et indulgente, même lors des cafouillages… Et des cafouillages (parfois même de gros plantages), il y en a toujours, c'est même indissociable de ce qu'on fait.

*

Dans le XIVe arrondissement, c'est une vieille dame presque aveugle et un peu sourde qui m'attend. Je suis là, assise à sa gauche sur le canapé, tout près d'elle, pour qu'elle puisse voir les traits de mon visage et que je puisse lui parler dans l'oreille afin qu'elle m'entende bien. J'ai pris sa main dans la mienne. Ce geste m'est très naturel, j'aime toucher les gens. Cette centenaire est si fragile, si petite. Elle pose son autre main sur mon genou.

–C'est l'assistante sociale qui m'a demandé de venir vous rencontrer. Elle pense que c'est difficile pour vous de vivre toute seule maintenant. Elle aimerait bien que quelqu'un passe tous les jours pour vous aider, faire les courses, jeter les produits périmés. Elle me dit qu'il y a beaucoup de choses périmées dans votre frigo...

Je la sens embêtée, gênée même. Tout doucement, elle me coupe la parole :

– Mademoiselle, vous êtes bien mignonne et je suis d'accord pour tout, mais avant, vous ne voulez pas que je vous prête un pantalon ?

Avec sa mauvaise vue, ma jupe lui était invisible et en touchant mon genou nu qui n'était pas couvert par le tissu de ma tenue, elle s'était imaginée que je me présentais chez elle en culotte ! Cette fois-là aussi, j'ai beaucoup ri et eu du mal à retrouver mon sérieux. Lorsque j'y suis parvenue, je me suis levée face à la dame. J'ai pris ses deux mains pour les poser sur ma taille et elle les a fait glisser le long de ma silhouette. Elle a constaté avec soulagement que je n'étais pas dévêtue dans son salon !

La cécité m'est familière. Mon père, qui a toujours été très myope, m'annonça lorsque j'étais petite qu'il avait, sans l'être encore, des yeux de vieillard. Progressivement, sa vision s'amenuiserait et il deviendrait aveugle d'ici très peu de temps. C'est le grand professeur des yeux qui lui avait dit. Et effectivement, dans les mois qui suivirent, la vue de mon père baissa très vite et beaucoup. Mais la médecine n'est pas une science exacte et bien qu'il perdit l'usage d'un œil et la vision centrale de l'autre, il voyait malgré tout. Très mal, mais il voyait toujours. Mon père a parfaitement su faire avec cette réalité. Elle est véritablement handicapante, mais je n'ai jamais pensé qu'il était handicapé. Il se trouve souvent dans des situations embarrassantes, renversant des objets, ne saluant pas des gens qu'il connaît. Lorsqu'il s'en rend compte, ses phrases commencent toujours par un : « Avec ma petite vue... » pour s'excuser de ses maladresses. C'est d'autant plus compliqué qu'on ne peut soupçonner à quel point il se débrouille bien dans la vie de tous les jours. La « petite vue » de mon père ne l'empêche pas de rire de tout, ça le rend extrêmement attachant. Rien dans sa situation n'est dramatique. Il a renoncé à conduire, mais pas à faire du vélo. Il est resté cadre dans l'entreprise comme si de rien n'était, bossant aussi bien que lorsqu'il voyait. Il se cogne souvent. Il bricole tout le temps dans sa maison. Nous tentons de le dissuader d'entreprendre des travaux de peinture mais en vain, le résultat n'étant pas terrible. Bref, mon père a une vie normale et il se réjouit que les quelques mois qui lui avaient été annoncés se soient transformés en près de trois décennies. Il m'a confié un jour que des gens qui voyaient bien mieux que lui se déplaçaient avec une canne blanche et étaient dans l'impossibilité de vivre une vie autonome. « Mais toi, comment tu fais alors ? » Il a répondu simplement : « Moi, j'ai arrêté de regarder. » Je crois que ça veut dire : « Moi, je n'essaie plus de voir, je me représente les choses telles que je pense qu'elles sont. »

Je savais que pour que cela soit possible, il fallait impérativement reposer toute chose à sa place, prévenir des changements. Petite fille, lorsque nous étions ensemble, j'étais les yeux de mon père, au sens propre. J'aimais ça. Je lui indiquais les couleurs, les formes, je lisais pour lui les informations qu'il ne pouvait déchiffrer. Cela ne dérangeait pas l'enfant que j'étais. Adolescente, je trouvais même un certain avantage à la « petite vue » de Dan : le rêve lorsqu'on a 16 ans, que l'on croise son père avec son amoureux et qu'il suffit de passer sans bruit pour que jamais il ne le sache ! Adulte, cela a certainement développé en moi une aisance pour aborder avec toute personne le handicap dont il souffre ou non, avec simplicité et naturel. Don précieux au regard du métier que j'exerce aujourd'hui.

Écouter le passé pour comprendre le présent

« Nous sommes nos propres pères.
Si jeunes et pourtant si vieux, ça me fait penser, tu sais.
Nous sommes nos propres mères,
Si jeunes et si sérieux.[4] »

Comme chaque matin, j'accompagne mes filles à l'école. J'adore ce moment, c'est comme une transition entre ma vie perso et ma vie pro. Ce matin-là, Lia, 3 ans, ma plus petite, me demande :

– Maman, il est gentil ton patron ?

– Mais moi, chérie, je n'ai pas de patron, je suis mon propre patron et celui de Fouzia aussi, et des dames qui vont chez les gens qu'on leur confie.

Je la vois quelques instants décontenancée ; puis son regard se remplit de fierté. Sa mère est « le » patron ; autant dire « commandante du monde » ! Elle

4. Corneille, « Chaque jour comme le dernier ».

se voit déjà raconter ça à ses copains : « C'est ma mère le chef ! » (en vrai, je n'ai pas l'impression de commander grand-chose, mais comment lui dire qu'un patron, ça fait pas ce qu'il veut ?).

J'adore ces moments ordinaires du quotidien. Leurs petites mains dans les miennes, nos discussions. Voilà, les portes de l'école s'ouvrent, Maayane et moi l'accompagnons dans sa classe, puis vite, vite, nous nous rendons de l'autre côté de la rue où se trouve l'école élémentaire. Ma grande (qui ne l'est pas tant que ça) me serre fort dans ses bras avant de se faire avaler comme tous les enfants du quartier par le petit établissement public.

Je ne les reverrai que ce soir, peut-être dormiront-elles quand je rentrerai. Petit à petit, je me transforme en maman du matin et mon amoureux qui viendra chercher nos filles en fin de journée en papa du soir. Cette vie-là, je la lui dois beaucoup. Non pas parce qu'il est homme, mais parce que nous sommes deux. Ça rend tous mes rêves possibles. Ça marche aussi parce qu'il est homme. Un homme, ça ne s'oublie pas, ça ne se sacrifie pas et c'est tant mieux. Les femmes devraient faire pareil, mais pas simple encore de ne pas ployer sous une pression sociétale encore bien présente. En coulisses, invisible, l'épouse d'un entrepreneur joue souvent le second rôle, assure le bon fonctionnement du foyer afin que son mari ne soit pas parasité par l'intendance. Souvent, les femmes s'oublient dans ce rôle, mais mon amoureux n'a renoncé à rien de ses envies, de ses ambitions et grâce à cela, on s'aime toujours. Personne n'est frustré, pas de rancœur dans le cœur, celle qui explose un jour. Calme et serein, force tranquille, jamais menacé dans son identité d'homme par la femme que je suis. Il ne semble ni admiratif, ni inquiet, me laissant la latitude nécessaire à mon épanouissement : une chance ! Je pense que je peux dire merci à sa mère aussi. Elle l'a élevé comme ça. Ne jamais minimiser le pouvoir des mères, et les mères des garçons ont une vraie carte à jouer pour construire et consolider une société où les femmes seraient les égales de leurs fils. Elle a bien bossé sur ce coup-là, Mireille. Maintenant que j'y pense, ma grand-mère paternelle a élevé seule ses enfants. Et, oui, lorsqu'on épouse une légende, il faut s'attendre à être souvent seule. Elle a fini par s'en aller avec ses quatre garçons. Pour une femme de sa génération, elle est d'une incroyable modernité. C'est un peu la mamie de Sophie Marceau dans *La Boum*, ma grand-mère. C'est sûrement un peu à elle que Dan doit cette certaine sensibilité, cette vigilance particulière vis-à-vis de ses filles. Être élevé par une femme libre donne sûrement les bons repères aux futurs pères.

Pas le temps de m'apercevoir que mes petites me manqueront, la journée nous sépare. Je dois me rendre dans le IXe. Cette rencontre commence par le mail d'Andrée :

Bonjour Dafna,

Situation pour vous ? Jacqueline Diamant, née en 29. Célibataire, elle a des ressources limitées.

Mère et père déportés, elle a sauvé la vie à ses deux jeunes frères. De sérieux problèmes médicaux de différents ordres. Elle a la fille de la gardienne qui passe parfois lui donner un coup de main, mais son état de santé se dégrade. Elle a besoin d'un coup de pouce pour qu'on évalue au mieux sa situation actuelle, ses besoins pour améliorer sa qualité de vie.

De notre côté, on va tenter de lui trouver aussi un thérapeute. Elle est adorable ; c'était une femme courageuse et combative mais elle semble envahie par les problèmes de santé. Très fatiguée. Elle est d'accord que vous l'appeliez de notre part.

Merci de me dire si vous pouvez intervenir.

Par ailleurs, je pense qu'il serait bien que l'on se rencontre enfin ?

À très bientôt,

Andrée

Andrée et moi, nous nous rencontrerons plus tard. Responsable d'un service dédié aux victimes de la Shoah, elle et son équipe tentent d'assurer une vie plus douce à tous ceux qui, parce que juifs, l'ont commencée de la pire façon qui soit. Le bouche-à-oreille a bien fonctionné. Il s'est dit que notre petit service est capable d'intégrer certaines spécificités. Elle me sollicite de plus en plus souvent. Plus tard, j'apprendrai à connaître cette petite femme : une culture générale impressionnante, une compréhension fine des situations, une capacité à dire sans détour et sans méchanceté ce qu'il y a lieu de dire. Cheveux courts, les traits tirés, lunettes sur le nez et clope à la main, voilà à quoi ressemble Andrée.

Évidemment, ce projet m'anime. Ma famille paternelle, en France durant la Seconde Guerre mondiale, a miraculeusement échappé au massacre. Paradoxalement, je dois à mon père le profond attachement que j'ai pour ce pays. La France, qui avait abandonné les miens au pire que l'humanité n'ait eu à affronter, avait gardé toute sa place dans le cœur des Mouchenik. C'est mon père qui me l'a fait aimer à ce point. Lui qui depuis toujours me fait écouter Brel, Brassens, Barbara, Ferrat, Ferré… Les textes de leurs chansons ont façonné la personnalité de celle que je suis devenue. Mon père m'a appris à être résolument tournée vers les autres, curieuse et ouverte. Sans lui, j'aurais été prisonnière des angoisses et des inquiétudes de ma mère, traumatisée d'avoir eu à quitter un pays qu'elle prenait pour le sien parce que juive. L'antisémitisme est une réalité avec laquelle je dois composer, mais il m'oblige à être le changement que je veux voir en ce monde. L'optimisme de Dan me laisse croire que je suis capable de tout.

Me voilà donc, encore une fois, dans un appartement que je ne connais pas, entrant dans l'intimité d'une personne qui m'est étrangère. Une dame robuste et souriante m'attend sur le pas de la porte. Nous avons beaucoup de choses à voir ensemble et je ne dispose que d'une petite heure. Un autre rendez-vous m'attend juste après, mais visiblement, Madame Diamant n'a pas envie de me laisser faire ce pour quoi je suis là, je ne vais jamais pouvoir tenir le timing! Non, Madame Diamant me raconte sa colère et comme elle en a gros sur le cœur, je comprends que cela va prendre plus d'une heure.

Oui, parce que la rancœur la consume depuis qu'elle en a le temps. La vie qu'elle a menée n'a rien apaisé de sa douleur, mais elle lui avait presque fait oublier la rage qu'elle a au ventre. Une vie passée vite, pas le temps de se retourner avant aujourd'hui. Assommée d'obligations, d'occupations, le temps passe encore, et puis d'enfants en petits-enfants et de petits-enfants en arrière-petits-enfants, les corps ralentissant et avec lui les dernières années prennent la pose. Un jour, sans s'être aperçu de rien, on se lève un matin et nous voilà vieux. C'est du moins ce qu'il semble être arrivé à cette dame : « Des décennies sont passées, enfin la vie lente que je mène me permet de penser, et c'est le moment qu'a choisi la colère pour se rappeler à moi. » Je dis « d'enfants en petits-enfants », mais en réalité, Madame Diamant n'en a pas eu d'enfant, pas le temps non plus pour ça. Madame Diamant devait en élever « des déjà tout faits », pas à elle, mais presque. Elle les a aimés, choyés alors qu'elle-même n'était pas encore une adulte…

Sa famille habitait à Paris. Elle avait 14 ans en 1942 lorsque les restrictions et les arrestations faites aux Juifs commencent en France. Son père puis sa mère sont arrêtés, ils seront déportés à Auschwitz. Ses deux petits frères, un bébé de quelques semaines et un petit garçon de 3 ans, ont été confiés à un foyer parisien de l'enfance. La nourriture manque, Paris est bombardée, les rues ne sont pas sûres ; sa mère a jugé qu'ils y seraient plus en sécurité qu'à la maison. Les arrestations des familles juives se font à présent le plus souvent la nuit, alors la petite Jacqueline reste dans l'appartement familial uniquement en journée. Elle dort ailleurs la nuit. Une bombe est tombée sur le pensionnat où se trouvaient ses frères. Elle traverse Paris en courant. Elle n'est pas certaine que les enfants aient été épargnés. Y a-t-il eu des blessés, ou pire encore ? Lorsqu'elle arrive enfin près d'eux, elle est soulagée. La bombe n'a causé que des dégâts matériels. Aucun des enfants n'a été blessé.

L'événement lui fait mesurer la précarité de la situation. Elle ne les sent plus en sécurité.

Elle s'entretient avec la directrice de l'établissement. Toutes deux conviennent que ses frères partiront ailleurs, sous de fausses identités. Ils seront cachés quelque part loin de Paris. Le gouvernement français assure que les enfants ne risquent rien, mais peu de temps après le départ des garçons, l'ensemble de ses habitants, personnel éducatif et pensionnaires, tous seront arrêtés et assassinés au camp de concentration d'Auschwitz.

L'adolescente est seule à Paris. L'espoir de voir revenir un jour ses parents dont elle est sans nouvelles lui permet de tenir. Elle a la faim, elle a froid. La guerre se termine et pourtant, le désespoir s'abat sur elle. Le temps passe, ses frères reviennent à Paris, mais toujours aucune nouvelle de ses parents. Ils ne rentreront jamais. « *Je peux plus me taire, je suis seul au monde, je me sens seul au monde.* » [5]

Elle devient « la petite mère » de tout jeunes garçons et travaille à l'usine plusieurs années. « Pendant longtemps, j'ai vécu comme une automate, je faisais les choses machinalement. Les jours, les mois, les années se sont succédé, le temps n'attend pas que nous soyons heureux pour passer… »

---

5. Corneille, « Seul au monde ».

« *Qui a su des fantômes qui la hantent les requiems qu'elle se chante...* »[6]

Mais maintenant qu'elle est vieille et qu'elle en a le temps, Madame Diamant est en colère. La France lui a pris ses parents et lorsque la guerre s'est terminée, elle n'a eu qu'à se taire et avancer. Elle me dit combien celle-ci n'a pas su reconnaître sa responsabilité dans le drame de toutes ces familles françaises juives, comme j'aurais aimé qu'elle entende le discours d'Emmanuel Macron commémorant les 75 ans de la rafle du Vel d'Hiv. Peut-être cela l'aurait-elle apaisée. J'ai pensé fort à elle en écoutant notre président, mais pour entendre ces paroles, il faudra encore attendre une décennie.

Si pour elle le temps s'écoule lentement, pour moi en revanche, c'est une véritable course contre la montre. Bientôt deux heures que je suis là. Me voilà terriblement en retard ! Je n'ai pas commencé l'ombre d'un dossier, mais je dois partir. Je lui promets de revenir demain ou le surlendemain. Elle est déçue, ma visite était trop courte.

– Je ne vous laisse pas partir sans vous montrer la photo de mes arrière-petits-neveux !

Au moment où elle me la tend et qu'elle s'apprête à me dire leurs prénoms, je reconnais la fillette.

– Mais... c'est Eva !

6. Corneille, « Seul au monde ».

Elle et ma fille Lia sont dans la même classe. Nous habitons le même quartier. Je connais un peu les parents d'Eva. Je ne leur savais aucune origine juive jusque-là et, en même temps, ce n'est pas écrit sur la tête des gens qu'ils sont juifs, n'est-ce pas ? Son père est le fils du bébé né pendant la guerre puis caché à la campagne. Une fois de retour à Paris, le judaïsme avait été très peu présent dans son quotidien. Aussi, le papa d'Eva ignorait-il beaucoup des traditions qui auraient pu être les siennes.

Madame Diamant me serre dans ses bras avant de me laisser partir. Elle est confiante, tout ira bien, je saurai l'aider. Je n'en suis pas sûre, elle n'entre dans aucune case : trop en forme pour tel dispositif, mais pas assez pour celui-là… Je ne suis pas très efficace et plutôt démunie. L'équipe d'Andrée finance temporairement l'intervention d'une aide à domicile, mais après ? Madame Diamant me rassure, je peux chercher sereinement, pas d'urgence ; elle a la gardienne de son immeuble qui lui donnera un coup de main et une infirmière passera.

Une fois dehors, j'appelle Fouzia. Il faut que je lui raconte cette rencontre incroyable.

Manquer d'air

– La dame souffre d'une insuffisance respiratoire sévère, tout l'essouffle. Elle ne peut rien faire, sans quoi elle manque d'air. Elle avait eu jusqu'à présent les services de la mairie. Mais l'aide devient insuffisante. L'état de santé de la dame s'est beaucoup dégradé. Vous allez voir, Dafna, ils sont vachement sympas, des gens attachants.

J'adore cette assistante sociale, je crois qu'elle est dans le top 3 de mes préférées et ce n'est pas facile de procéder à un classement parce qu'à Paris, elle est top, l'équipe médico-sociale de l'APA[7].

J'ai croisé Madame Milan au domicile de quelqu'un, je ne sais plus vraiment en quelle occasion. Elle s'était beaucoup méfiée : qui j'étais ? qu'est-ce que je voulais ? Elle avait raison, c'est tellement facile de s'introduire chez les gens, de raconter

7. Allocation Personnalisée d'Autonomie.

n'importe quoi. Et puis la vulnérabilité attire toutes sortes d'escrocs : des types se faisant passer pour les plombiers du syndic, des ramoneurs d'un immeuble sans cheminée, de vrais voleurs déguisés en faux policiers... Ils ne manquent pas d'imagination pour dépouiller les gens. Avec mon air angélique, je pouvais être n'importe qui. Madame Milan avait alors creusé. « Aide à domicile ? Vous pouvez me donner votre carte ? Comment se fait-il que je ne vous connaisse pas ? Service autorisé ? Vous appliquez les tarifs du département ? » Elle avait procédé à un véritable interrogatoire. Je m'y étais prêtée sans difficulté. Elle avait gardé ma carte et vérifié si ce que je lui avais dit était vrai une fois de retour dans ses bureaux.

Ce jour-là, sans le savoir, elle nous a fait à tous un super cadeau : une rencontre avec des gens que toute l'équipe allait beaucoup aimer. Ça ne fait pas très pro de dire ça, mais il y a des gens qui vous rentrent dans le cœur sans qu'on n'y puisse rien et, qu'on le veuille ou non, il y a beaucoup d'affect dans ce qu'on fait. J'avais pris rendez-vous avec le couple et je me suis vite rendue à leur domicile.

Me voilà chez eux, des gâteaux plein la bouche, à ne pas pouvoir en placer une. Visiblement, j'étais attendue ! Pas sûre que ce soit pour les bonnes raisons, mais ils sont ravis que je sois là. « Là », c'est dans le XIIe, un petit appartement de trois pièces qu'ils occupent depuis très, très longtemps. Ils y ont élevé leurs deux garçons. Ils se racontent entre deux « vous voulez un autre biscuit ? » et « est-ce que je vous ressers un café ? ». Ils me montrent les photos de leurs fils, de leurs petits-enfants. C'est là tout leur monde ; il semble n'y avoir personne d'autre. Ils s'ennuient, alors la visite de Madame Milan et maintenant la mienne, ça fait de l'animation, c'est un peu de vie dans la maison. Non pas qu'ils soient abandonnés, bien au contraire, mais personne de leur famille ne vit à proximité. Les occasions de se voir sont régulières mais trop espacées, pas assez nombreuses sur une même année. La vie, quoi ! Alors quand j'arrive dans leur petit salon, j'ai l'impression de me faire dévorer d'attention. Dans quelque temps, ça sera d'affection…

Madame Rolnik m'explique les difficultés qu'elle rencontre dans la vie de tous les jours, essoufflée au moindre mouvement. « Vous m'auriez vue y a vingt ans, j'étais une sacrée femme, une pêche d'enfer, toujours un truc à faire ! » Elle avait tenu sa maison, élevé ses garçons. Elle aimait recevoir, préparer des repas pour vingt personnes. Amis et familles se réunissaient chez eux à tout moment. Il y avait toujours eu beaucoup de monde dans ce petit appartement, beaucoup de vie aussi, avant la maladie. Elle était une cuisinière hors pair : « Et regardez-moi maintenant, essoufflée rien qu'à vous servir du café ! Avec ce truc qui me suis comme mon ombre ! ». Ce truc, c'est la bouteille d'oxygène à roulettes. Toutes deux sont reliées par un tube en caoutchouc assez long pour qu'elle n'ait pas à bouger cette « ombre » trop souvent. Le tuyau se fixe sous ses narines, lâchant le souffle qui lui manque, mais même comme ça, elle ne respire pas bien. Ça lui fait mal en plus, ça lui brûle la peau et lui dessèche l'intérieur du nez. Elle rit : « Alors que maintenant, tout est sans fil, moi je suis comme un vieux téléphone ! »

« Manquer d'air » tout le temps : au moment où Madame Rolnik me raconte son quotidien, je mesure combien l'expression « ne pas manquer d'air » convient mal au sens qu'on lui donne. Comme si c'était gonflé de respirer ! Elle n'a pas sa langue dans sa poche, Madame Rolnik, elle devrait en avoir plus qu'il n'en faut, de l'air !

Monsieur Rolnik a bossé comme un dingue toute sa vie pour que les siens ne manquent de rien, allant jusqu'à prendre deux boulots. Grâce à ça, ils ont pu payer de grandes écoles pour leurs fils, des garçons brillants. Il faut voir comme il est fier quand il me dit ça. Alors, pour le ménager un peu, sa femme lui a interdit de participer aux moindres tâches de la maison. Maintenant que son état de santé s'est dégradé, il ne sait pas faire tourner une machine, ni cuisiner un plat simple. Il a bien essayé de s'y mettre, mais cela plonge son épouse dans une telle contrariété qu'il y a renoncé.

Le couple a une petite retraite ; il n'est pas question de les mettre en difficulté par un nombre d'heures d'intervention qui ne serait pas pris en charge par le département de Paris. Leurs fils ont de nombreuses fois proposé de les aider financièrement, mais leur mère, là encore, a toujours refusé : pas commode cette dame en vrai, aussi attachante soit-elle. Un tempérament fort et entier ; avec ou sans air, elle ne plie jamais. Intransigeante, un grand cœur, ses émotions la guident. Ça donne des choses étranges, pas toujours cohérentes, jamais raisonnables. Bavarde, elle aime être avec des gens. La maladie l'a terriblement isolée du reste du monde et elle en souffre autant que de manquer d'air.

Monsieur Rolnik semble avoir pour seul point commun avec sa femme cette insatiable envie de parler, d'échanger avec d'autres. Pour le reste, ils sont en tout différents : lui est mesuré, réfléchi, attentif, patient. Il se dégage de cet homme une intelligence et une belle sensibilité. Je les ai trouvés immédiatement attachants, au sens propre comme au sens figuré. Tendresse et confiance se sont mêlées à notre relation naissante.

J'ai fait intervenir Anna-Maria quelques heures, trois jours par semaine, conformément aux consignes de Madame Milan. Elle a rapidement été adoptée. Cela a paru facile à première vue. Je ne savais pas encore combien maintenir une aide à domicile chez eux serait compliqué en réalité, et que rien ne serait simple.

Le Muppet Show

« Si on veut un monde meilleur,
il faut qu'on s'y mette à plusieurs ».

Sinclair, « Ensemble »

Je suis fan du *Muppet show*. À l'époque où nous n'avions que trois chaînes, il me fallait attendre patiemment que passe une semaine (une éternité !) pour retrouver chaque dimanche ses personnages déjantés, au scénario sans queue ni tête. C'est à mourir de rire lorsqu'on a 4 ans et qu'ils sont fiction, prisonniers du poste de télévision ; mais à gérer dans la vie, pas sûr que je reste fan longtemps. Eh bien, l'un des deux vieux – personnages incontournables du show, spectateurs assis au balcon du petit théâtre, ceux qui passent leur temps à médire et à critiquer, ceux qui font rire tant ils sont odieux – oui, celui-là, il passe maintenant ses journées au bureau. Pas certaine qu'il me fasse autant marrer que la marionnette.

Costume trois pièces, chapeau et canne en bois : la classe ! Ce Monsieur brinquebalant nous a vite repérés. Il faut dire qu'il habite tout près, alors facile. Avant de nous connaître, il sortait de chez lui chaque matin pour n'y revenir que le soir. « 30 ans que je suis en vacances, Madame ! », comme il dit. Il se promène dans les rues de Paris, boit des cafés sur la terrasse d'un grand hôtel. Il ne discute avec personne. Ou plutôt, lui parle à tout le monde, mais personne ne le calcule vraiment… Faut dire qu'il n'est pas très aimable. Pas sûr qu'il ait toute sa tête, mais certain que ça n'est pas un gentil Monsieur. J'aime bien cette expression, « pas toute sa tête ». Doux euphémisme. En fait, elle est bizarre cette expression, elle fait flipper. Vous imaginez tous ces gens à qui il manquerait des morceaux de tête ?

Concernant notre Muppet de bureau, j'ai du mal à déterminer s'il n'en a vraiment rien à foutre de tout et de tout le monde, ou si le suceur de neurones d'Alzheimer l'a transformé en un horrible petit bonhomme acariâtre. Il dit à haute voix tout ce qui lui passe par sa (moitié de) tête, à croire que la partie qui lui reste est celle où sont stockés méchanceté et coups bas. Forcément, ça ne l'aidait pas à se faire des copains, notre Muppet. Et des copains, c'est précisément ce qui lui manque, parce que la réalité, c'est qu'il s'ennuie, il s'ennuie même à mourir. 30 ans de vacances ! 30 ans de longue agonie, coincé dans un espace-temps où rien ne se passe, oui ! Alors, quand il fait notre connaissance au prétexte d'un renseignement, qu'il voit qu'on est bien gentils (carrément super sympas même !), que, lorsqu'il feint d'être trop fatigué pour repartir, on lui dit « aucun souci, prenez votre temps, Monsieur » et que Fouzia lui offre même un café, il recommence le même scénario une autre fois, et une autre… Et finit par élire domicile tous les matins, chez nous ! Le canapé vert des visiteurs devient le sien. Au début, on trouve ça plutôt marrant d'être devenus la télé-réalité de cet octogénaire, mais voilà qu'il commente tous nos faits et gestes à haute voix. Il ne nous épargne rien. Lors des séances de recrutement, les quelques minutes où les candidates patientent à côté de lui sont surréalistes. S'attribuant mes fonctions, il interroge, questionne et donne immédiatement sa décision. Il en découragera quelques-unes… Force est de constater qu'il se trompe rarement !

Heureusement, il y en aura qu'un comme lui. Nos autres Muppet ne sont pas sédentaires. Ils sont de passage et bien plus attachants. Comme Madame Pommard, chez qui Yvette se rend tous les jours. Elle passe souvent nous voir. Ça fait toujours plaisir à Fouzia. Mais aujourd'hui, elle est là pour moi. Elle me ramène les chaussures que j'ai oubliées chez elle, sauf que ce ne sont pas mes chaussures et que je ne suis pas venue chez elle… Je vois son visage se figer. Elle cherche : « À qui sont donc ces chaussures alors, si elles ne sont pas à vous ? » Je vois bien que tout se mélange dans sa tête, elle comprend qu'il y a un truc qui fonctionne pas très bien, mais quoi ? Elle regarde autour d'elle, où est-elle ? Et pourquoi est-elle venue jusqu'ici ? Madame Pommard, elle marche ; de ce côté-là, ça fonctionne bien, mais sa tête… Sa tête marche moins bien que ses jambes. Ça la peine Madame Pommard, et moi, je l'aime bien. Je ne veux pas la voir triste, alors… « Mais oui, ce sont mes chaussures, voilà que c'est moi qui perds la tête. Je les reconnais maintenant, je les avais prises bien plus grandes que la taille de mes pieds, des fois qu'ils grandiraient encore un peu ! C'est vrai, l'autre jour en partant de chez vous, je suis rentrée en chaussettes, pas fait gaffe… Merci, c'est très gentil de me les rapporter ! » Le sourire revient sur le visage de Madame Pommard Ouf ! Je préviendrai son fils qu'une paire de chaussures est ici. Si ça ce n'est pas un scénario du *Muppet Show* !

« 1+1+1+toi et moi »

Ma sœur Eve, encore étudiante, vient nous donner un coup de main sur son temps libre. Je la paye en M&M's et Coca et je promets qu'elle sera notre premier job d'été rémunéré.

Eve est discrète, pas le genre à se mettre en avant, mais c'est la meilleure en vrai. Elle capte tout et après elle fait, mais en mieux. Il faut dire que toute la famille se mobilise pour que j'y arrive : Eve, mais également Rachel mon autre sœur, Fabien son amoureux, mes frères aussi un peu, ma mère, mon père... Dès que j'ai besoin d'aide, ils sont là : aller chercher les filles à l'école, assurer les rendez-vous chez l'orthophoniste de Maayane, les cours de danse classique de Lia... Même mettre des feuilles dans des enveloppes pour que chacun reçoive facture et emploi du temps ! Tout, ils sont là pour tout ! Et puis, mon amoureux, il trouve ça top ce projet, alors le soir, après son job, il met ses compétences à mon service. Et j'ai de la chance, il est informaticien, alors il m'équipe de PC, il installe le logiciel qui va bien, il met même un truc en place qui me permet de bosser de chez moi. Comme ça, je suis à la maison avant que nos filles dorment et je me remets à travailler ensuite. Sans ça, les premières années, je ne serais jamais rentrée. Aujourd'hui, ça n'a rien de surprenant, mais je vous rappelle que mon histoire commence en 2007. Il est fort mon mec !

J'ai aussi demandé à Jacqueline de venir bosser avec nous pour faire le même boulot que moi, gestion et compta en moins (ça, je ne le fais vraiment pas bien, je bâcle. Je vais pleurer plus tard mais je ne le sais pas encore). Jacqueline, c'est une copine de mon père. Ma proposition tombait à pic car elle venait de lâcher son précédent job, oubliant qu'à presque 60 ans, ça ne serait peut-être pas gagné d'en retrouver un autre. Elle est comme ça Jacqueline, pas de place pour la compromission, même si ça lui coûte. Elle est étonnante, car rien dans son look ne laisse entrevoir qu'on a affaire à une résistante. À la première rencontre, on lui prête une vie conventionnelle : petit pavillon de banlieue, bibelots sur les étagères et géraniums aux fenêtres. Eh bien non, Jacqueline, elle vit avec un anarchiste sur une péniche. Une péniche magnifique aujourd'hui, mais il y a 30 ans, quand ils n'avaient pas un rond pour s'acheter autre chose, c'était « une épave qui flotte » à retaper. Post-soixante-huitarde, j'ai l'impression qu'elle est de tous les combats et de toutes les manifs. Le poing levé, son soutien-gorge en flammes dans l'autre main : militante elle est ma Jacqueline, et c'est top. Tout peut devenir combat. C'est formidable les gens comme elle, mais à gérer au quotidien, ça nécessite sens et cohérence. Pas sûr que ces deux mots me caractérisent le mieux, mais comme on s'aime, ça fonctionne. Et puis, elle est super organisée, ça aussi ça me manquait avant qu'elle n'arrive. Et enfin, enfin... cerise sur le gâteau, c'est une championne de grammaire, première aux jeux olympiques de la conjugaison et imbattable en orthographe. Avec elle, je suis sauvée. L'écriture m'est aisée dans l'expression, l'organisation et la structuration de mes idées et pour le reste, Jacqueline relit chaque document, chaque mail, chaque rapport. Comme un médecin devant lequel on se dénude pour lui montrer les horribles pustules qu'on dissimule au reste du monde, Jacqueline voit tout de ce qui me fait craindre le regard des autres. Et Windows, me direz-vous ? Eh bien, même Windows ne reconnaît pas les mots que j'écris. Si, si, c'est possible ! Jacqueline est donc pour moi, durant quelques années, ma prothèse indispensable, mon Windows humain.

« 1 + 1 + 1 + tout le monde »

On nous a confié tant et tant de gens que plus tard, j'embauche Soizic et Sébastien. Ils se rendent eux aussi de maison en maison.

Timothée bosse aux côtés de Fouzia (et comme ça ne suffira toujours pas, j'embaucherai encore dans quelques mois Caroline et Sophie). Ça en fait du monde, on est grands maintenant, on est nombreux et tout ça en peu de temps. Il règne une joyeuse pagaille dans ces petits bureaux. J'ai pu négocier avec le propriétaire pour qu'il nous loue quelques mètres carrés supplémentaires, mais même comme ça, c'est plus possible, on est littéralement les uns sur les autres, il va falloir trouver plus grand.

Comme tout ça n'était pas assez compliqué pour moi, j'ai la bonne idée de recruter ma mère, Elvire. Bah oui, parce qu'elle avait pris sa retraite un an plus tôt et que je voyais bien qu'elle avait envie de bosser aux côtés de sa fille. Pas tout le temps, juste une journée par-ci, par-là. Et puis, au moins, ce jour-là, elle peut veiller. Parce que, d'accord, j'ai 33 ans, d'accord je suis maman, d'accord je dirige maintenant une boîte de 80 personnes, mais elle sait bien, elle, que j'ai encore besoin qu'on veille sur moi. Et qui mieux qu'elle pour le faire ? Et surtout, « faut que tu manges suffisamment, t'as beaucoup trop maigri, c'est sûr que tu ne prends pas le temps de déjeuner ». Aussi vient-elle chaque semaine avec spaghetti et sauce maison et comme elle ne sait pas faire pour un, y en a pour tous ! Il faut dire qu'à l'exception de Jacqueline, pour Elvire nous sommes tous des gosses. Elle pose sur nous un regard maternel et protecteur. Pour elle, nous aider, c'est d'abord nous nourrir ! À 62 ans, elle a la pêche ; la retraite, c'est juste l'occasion d'avoir plus de temps pour faire d'autres choses. Evidemment, tout est nouveau pour elle. Pas facile de redevenir débutante quand on a quitté un boulot qu'on maîtrisait les doigts dans le nez. 35 ans qu'elle était dans le tourisme, ma mère. Et puis, se retrouver sous l'autorité de sa fille n'est simple ni pour elle, ni pour moi. Mais Elvire est tellement contente de faire partie de cette partie-là de ma vie. Ma mère, quand elle m'explique que « tu ne fais pas bien ceci, et que tu pourrais faire mieux cela » au milieu d'un « je te ressers une assiette de pâtes », tout dans ses yeux dit : « T'es formidable, ma fille. » Et moi, par chance, je le vois. Et alors, le top du top pour elle, c'est quand j'embauche son amie de toujours. Jocker m'aide à mettre au point le plan de formation des auxiliaires (plus tard, c'est elle qui l'animera). Cette ancienne cadre infirmière est retraitée elle aussi. Aider les aides à domicile à accompagner au mieux des fatigués, des très âgés, des malades… forcément, ça la branche. Les deux copines de lycée bossent à nouveau ensemble, 45 ans que ça n'était pas arrivé. Elles ont de nouveau 15 ans, complices et heureuses comme elles l'étaient sur les bancs de l'école…

Bref, tout ce petit monde donne un joli charivari et pourtant, on n'est pas encore au complet. Finalement, c'est à se demander si cette équipe tout entière n'est pas elle aussi à l'image du *Muppet Show* !

Quand le maintien à domicile devient impossible

– Non mais, les femmes que vous m'envoyez, elles ne veulent rien faire. L'autre jour, je rentrais de l'hôpital, les pigeons avaient tout salopé mon balcon, eh bien, elle n'a pas voulu nettoyer. Vous savez, je lui ai demandé de passer un coup de balai sous mon lit, eh bien, elle m'a dit qu'elle n'avait pas le droit de se baisser. Vous vous rendez compte ? Elle, elle a 42 ans, elle ne doit pas se baisser. Alors qui se baisse ? C'est moi ? À 86 ans ? Non mais je vous jure, elles valent rien vos filles !

Fouzia, Seb, Jacqueline, tous en fait, on a régulièrement ce type de discussion avec les vieilles personnes et leur famille : le problème, c'est que pour beaucoup de gens, il n'y a pas de différence entre femme de ménage et aide à domicile, ils pensent juste qu'on a trouvé un nom plus chic, c'est tout… Alors, oui, bien sûr, nous sommes là aussi pour aider la personne à vivre dans un appartement propre. Le job d'une aide à domicile, c'est de conserver l'autonomie dont la personne dispose encore et pour ça, pas question de tout faire à sa place. Non, il faut qu'elle continue à faire ce qu'elle fait encore. Bon, ça, c'est la théorie, parce que la personne et sa famille considèrent que si elles payent un prestataire, c'est pas pour faire le ménage elles-mêmes (et même si elles ne payent pas, d'ailleurs).

Le ménage ! C'est le truc qui déçoit souvent tout le monde. Il y a d'un côté une salariée dont le métier est d'accompagner une vieille personne. Elle sait qu'elle aura à s'assurer que le domicile reste propre, mais aussi qu'elle fera les courses, préparera à manger, l'aidera à se laver, à s'habiller. Le job d'une aide à domicile, c'est de prendre soin… Alors, forcément, de se voir accueillie avec seau et serpillère sur le pas de la porte (je vous assure, ça arrive souvent), ça surprend la première fois (et ça sera pas la dernière). De l'autre côté, il y a des vieilles dames ou de vieux messieurs très contents à l'idée d'avoir une femme de ménage payée par la collectivité et qui déchantent lorsqu'on explique que « ce ne sont pas des femmes de ménage ». Madame Sage (une autre assistante sociale de l'APA que j'aime beaucoup) avait demandé à Sébastien d'organiser le passage, deux heures par jour, d'une aide à domicile pour une dame qui avait notamment besoin d'aide pour ses repas. La vieille dame n'avait plus d'appétit. L'idée était qu'elles aillent faire les courses ensemble et que celle-ci lui prépare ensuite le repas. La vieille dame avait dit oui, mais n'avait finalement jamais accepté que nous fassions ce pourquoi nous devions venir, demandant à l'aide à domicile de récurer deux heures durant, cinq jours par semaine. « Si vous n'avez besoin que de ménage, OK, mais on réduit le plan d'aide à deux ou quatre heures. Vos dix heures de ménage par semaine, ce n'est pas à la collectivité de les payer », avait expliqué Madame Sage. Difficile pour nous de le dire ainsi, parce qu'on est loin d'être le seul service d'aide à domicile de Paris, et si on refuse d'obéir, on peut vite se retrouver sans boulot.

Marie et Pierrette, deux aides à domicile, sont avec nous au bureau. Avant de commencer leur journée, elles m'ont demandé si elles pouvaient utiliser le frigo du bureau. Le type à qui elles sous-louent leur appartement (elles sont colocataires) a décidé d'augmenter le loyer de manière exponentielle. Puisque rien n'est déclaré, il fait ce qu'il veut ! Comme elles ont refusé de payer, il a fait couper l'électricité, l'enfoiré. Quand elles me racontent ça, ça me rend dingue. Ce mec sous-loue son HLM ! Je dis à Marie et Pierrette : « Faut pas vous laisser faire, si vous voulez, j'appelle EDF. » Et comme j'ai eu leur feu vert, j'ai pu tout expliquer à mon interlocuteur et faire établir la facture d'électricité aux noms de mes deux auxiliaires. Plus possible pour l'autre salaud de leur couper le courant.

Elles sont nombreuses à nous demander de l'aide sur la question du logement. Lorsque la boîte est devenue plus grande et que nous avons eu pour obligation de cotiser au 1 % patronal, je me suis dit : « Super, on va avoir enfin des solutions », mais force est de constater qu'on est toujours aussi démunis. C'est fou, elles ont un CDI, un temps plein, parfois avec un conjoint en CDI lui aussi, eh bien même comme ça, c'est une galère sans nom de trouver où se loger.

Marie et Pierrette repasseront prendre leurs courses après leur journée de travail, soulagées de rentrer ce soir dans un appartement où tous les appareils ménagers fonctionneront à nouveau. Il faut qu'elles se pressent. Elles sont attendues, Marie surtout. On a bien essayé de joindre la vieille dame chez qui elle se rend pour la prévenir du retard de son aide à domicile, mais elle ne répond pas au téléphone. Elle doit être déjà dans le hall de l'immeuble à l'attendre. Elle fait comme ça chaque matin. Marie accompagne depuis déjà longtemps Madame Bula, non sans mal. C'est Jacqueline qui avait fait la première visite et qui suit cette dame. Clairement, elle ne devrait plus vivre toute seule chez elle. C'est même plus qu'elle est sur une autre planète, elle a carrément changé de galaxie ! Une mesure de tutelle a été prise. Mais ça n'a pas réglé le problème. Non que le tuteur ne fasse pas le nécessaire, mais la dame est vraiment perdue. Elle n'a plus aucun repère, elle erre dans les parties communes de l'immeuble, elle attend des heures Marie dans le hall et lorsqu'elle arrive enfin, elle ne la reconnaît pas. Ça encore, c'est un classique, mais le jour où son voisin nous a appelés furieux pour nous dire qu'elle avait déféqué sur son paillasson, ça a fini de nous convaincre que sa place n'était plus à la maison. Situation compliquée. Des mois, même des années que cela dure. Il est marrant, le voisin, de se fâcher contre nous, on n'y est pour rien si cette dame vit toujours chez elle et sans nous, ça serait pire ! Faut toujours des Malaussène, hein Monsieur Pennac ? Et les Malaussène du domicile, c'est souvent les services d'aide… En plus, il a tort de se mettre en colère, parce qu'on est carrément d'accord avec lui, mais ça ne se décrète pas, un placement en maison de retraite (il faudrait dire EHPAD, mais moi, je n'aime pas). Le prérequis, c'est que la personne le veuille bien, mais Madame Bula, elle ne veut pas du tout : « Partir en maison de retraite ! Mais pour quoi faire ? Je suis très bien chez moi, tout va bien ! » Oui, vous êtes tellement bien que vous vous promenez toute nue dans les couloirs de votre étage… Je ne lui ai pas dit, inutile de lui faire de la peine pour rien, mais je l'ai pensé très fort. Son tuteur, nous, Marie, les travailleurs sociaux du département, les voisins… bref, tout Paris pense que sa place n'est plus chez elle. C'est terrible de dire ça comme ça, mais c'est la réalité : il y a des maintiens à domicile qui ne sont pas ou plus possibles. Mais on ne peut obliger personne. Si elle n'est plus dans notre réalité, alors c'est à un médecin expert d'arbitrer. Il viendra dans quelques semaines, il ne comprendra pas pourquoi on l'aura fait venir : « Elle va très bien cette dame, il faut la laisser tranquille chez elle. » Bon… nous qui pensions qu'il fallait juste tenir le temps qu'une décision soit prise, ça nous a fait tout drôle. Non, visiblement, il faudra attendre qu'un drame arrive. Il arrivera. Il arrive toujours dans ces cas-là.

Marie avait à peine rejoint Madame Bula dans le hall qu'elle m'appelait déjà :

– Dafna, faites quelque chose, elle veut encore retourner à la banque, mais ils ne vont pas la laisser entrer. C'est terrible, elle ne comprend pas pourquoi elle n'a plus le droit de retirer de l'argent !

Maintenant que Madame Bula est sous tutelle, c'est son tuteur qui gère son compte. C'est long et compliqué de placer un adulte sous protection depuis la réforme de 2007 (et dans l'idée, je trouve plutôt bien qu'on ne puisse pas faire n'importe quoi). Là aussi, il y a un médecin expert qui se déplace ; un rapport social est envoyé au Procureur de la République. Ça prend plusieurs mois, ça mobilise beaucoup de monde. Dans l'histoire de Madame Bula, ce qui est terrible, c'est qu'elle se croit encore capable de tout gérer seule, elle ne comprend pas ce qui lui arrive. 30 ans qu'elle est cliente dans cette banque et ils ne veulent même plus la recevoir ?

Marie a tendu son téléphone portable à sa protégée. Je tente comme je peux de la dissuader :

– Madame Bula, c'est Dafna, il ne faut pas aller à la banque. Ça va vous faire de la peine. Vous savez, ils ne vont pas prendre le temps de vous recevoir.

Les premières fois, son conseiller avait bien essayé de lui expliquer que son interlocuteur à présent c'était le tuteur ; si elle avait des questions, il fallait qu'elle voie tout ça avec lui. Mais elle ne comprenait rien. « Quel tuteur, je n'ai pas de tuteur ! » Son conseiller a été très correct, on ne peut pas dire qu'il ait manqué de cœur, mais il n'avait pas la journée (qui l'a ?). Le cas de Madame Bula, c'est du lourd.

– Mais je parle avec qui là, Madame ?

– C'est Dafna, c'est moi qui vous envoie Marie.

– Marie ? Marie, c'est qui ?

– Marie, c'est la dame avec qui vous êtes là maintenant.

Là, c'est sûr, je suis mal partie. C'est marrant, lorsqu'elle attend Marie dans le hall, elle dit qu'elle attend Marie, elle se rappelle son prénom, mais jamais lorsqu'elle est avec elle. Sadique maladie !

– Connais pas de Marie !

J'entends la voix de Marie derrière mon amnésique : « Mais si, Madame Bula, Dafna vous parle de moi. » J'aime beaucoup Marie. Cette aide à domicile est courageuse, elle est en France depuis quelques années, pas très longtemps finalement. Elle est camerounaise, elle était instit là-bas je crois, fonctionnaire en tout cas, et puis un jour, le gouvernement n'a plus payé personne. Enfin, c'est ce qu'elle m'a raconté. Malgré cela, elle a continué à travailler plusieurs mois. Un jour, elle s'est dit que ce n'était plus possible. Elle a laissé sa fille de 10 ans à ses parents et elle est partie pour la France chercher du meilleur. Depuis, elle bosse comme une dingue. Elle en fait des heures d'aide à domicile, je crois même qu'elle a plusieurs employeurs (elle ne me l'a pas dit parce que c'est interdit) et tout l'argent qu'elle gagne, elle l'envoie au pays. Je ne sais pas si j'aurais eu le courage de ces femmes. Elles sont nombreuses à quitter leurs petits pour subvenir aux besoins de la famille. Quand je pense qu'il m'est difficile de rester quelques jours sans voir mes filles, ça me serre le cœur. Ce qui me touche aussi chez Marie, ce sont ses colères. Elle est sans filtre ! Lorsqu'elle est fâchée, qu'elle a un sentiment d'injustice, elle le dit comme elle le pense, à moi comme aux autres, et attention si c'est contre vous qu'elle en a ! Pas facile pour moi de gérer quelqu'un comme elle. Je crois qu'elle bricole pas mal avec son emploi du temps aussi, ce n'est pas vraiment qu'elle triche, mais elle s'arrange. Si elle n'a pas le temps de faire une heure-là, la prochaine fois elle fera une heure et demie, et puis voilà. Il est où le problème ? Le problème, c'est que ça ne marche pas comme ça, j'ai des comptes à rendre au département, aux familles, mais j'ai renoncé à lui prendre la tête plus que ça. Si ça fonctionne, alors ça me va. Vous savez ce qu'elle a fait pour moi, pour Fouzia, Marie ? Elle a couru à l'autre bout de Paris, parfois pour seulement une heure, juste pour faire manger un monsieur, recoucher une vieille dame. Elles sont quelques-unes à nous dépanner quand on est sans solution. Je les appelle mes « Jedi ». Et puis, ce qui la sauve de tout, c'est son bon cœur. Elle s'en occupe vraiment bien de Madame Bula, j'imagine que ça ne doit pas être simple de passer chaque jour plusieurs heures avec cette dame…

– Madame, je ne peux pas parler avec vous plus longtemps, je dois me rendre à la banque avec Marie.

– Oui, c'est pour ça que je vous appelle, il ne faut pas y aller à la banque. Ils ne vont pas vous recevoir.

– Mais vous êtes qui ? Quel est votre nom de famille, Madame ?

Si elle ne se souvient pas de mon prénom, aucune chance que mon nom de famille l'aide davantage, tout le monde m'appelle Dafna !

– Je suis Dafna, Dafna Mouchenik, Madame Bula.

– Madame Moncherie ?

Madame Bula entend pourtant bien, je ne sais pas d'où sort ce Moncherie ?

– MOUCHENIK !

– Oui, oui, j'ai bien compris, Madame Moncherie, Moncherie, comme le chocolat.

Je renonce, après tout, si elle veut m'appeler Moncherie, OK pour moi. Il faut savoir choisir ses combats !

– Il ne faut pas aller à la banque, Madame Bula.

– Vous travaillez à la banque, vous êtes ma nouvelle conseillère ? Marie, ma nouvelle conseillère s'appelle Madame Moncherie.

J'entends le rire de Marie, un fou rire communicatif, elle ne peut même plus parler tellement elle rit. Comme elles sont toutes les deux dans le hall de l'immeuble, ça résonne, j'entends un vague « Mais non, mais non, Madame Bula, c'est Dafna, ma directrice ! » Elle est tellement contente Madame Bula d'avoir enfin sa conseillère en ligne, elle enchaîne :

– Madame Moncherie, je viens vous voir maintenant !

– Mais non, Madame Bula, il ne faut pas venir !

Je lui dis ça avec une voix douce, je ne perds pas patience, je suis prête à lui répéter encore et encore pour qu'elle renonce à se déplacer et qu'elle rentre chez elle.

– Pourquoi, vous êtes fermés ?

– Voilà, Madame Bula, les bureaux sont fermés. Ils vont être fermés plusieurs mois.

– Pourquoi ?

J'entends la peine s'installer dans sa voix.

– Pourquoi ? Pourquoi ! Vous n'avez pas reçu mon courrier ? On passe sur internet, vous savez les ordinateurs et tout ça, il n'y aura plus de banque ouverte au public.

– Mais, Madame Moncherie, je n'ai pas d'ordinateur, comment vais-je faire ? Y a plus de place pour les vieilles dames comme moi…

– Mais si Madame Bula, ne soyez pas triste, on ne peut pas se rencontrer, mais on peut s'appeler.

Marie m'a dit que lorsqu'elles sont enfin montées dans l'appartement, Madame Bula a déposé une feuille tout près de son téléphone avec écrit en gros « Madame Moncherie : 01.43.45.05.06 ». J'ai prévenu Fouzia : « C'est moi Madame Moncherie », et c'est comme ça que je suis devenue la banquière de Madame Bula.

Le poil à gratter de la société

Madame Yda ne répond pas à la porte. Cécile sonne, tambourine, mais personne ne vient lui ouvrir. Lors de notre dernier passage déjà, il y a quelques jours, nous avions appelé les pompiers. La dame était tombée à l'intérieur de chez elle. Elle avait passé plusieurs heures au sol. J'appelle ça l'agonie de la tortue; elle va bien ou presque, elle ne s'est rien cassé en tombant, mais si on ne vient pas très vite la relever, elle va finir par mourir, comme une tortue sur sa carapace, incapable de se remettre sur ses pattes.

Madame Yda était furieuse. Pour entrer, les pompiers avaient cassé la fenêtre, « et j'espère que c'est pris en charge par votre assurance! » avait-elle hurlé à l'aide à domicile. Excuse-nous de t'avoir sauvé la vie! Ils l'avaient transportée à l'hôpital, quelques heures encore sur le dos et notre tortue y restait. Hydratée, réchauffée, l'assistante sociale, Madame Lancovat, une femme épatante, nous avait donc annoncé son retour et nous avions organisé le passage de Cécile pour qu'elle ne soit pas seule à son domicile. Mais là encore, personne ne répond, l'appartement semble vide. Bon, avant de faire revenir les pompiers, Timothé appelle l'hôpital. On ne sait jamais, peut-être y est-elle encore ? « Si, si, les ambulanciers sont partis avec elle depuis longtemps. » « Ah, d'accord, mais elle est où maintenant ? » L'infirmière du service le fait attendre, elle cherche. Rebondissement. « La dame est de retour à l'hôpital. Arrivés devant sa porte, on n'a pas trouvé les clés. Comme ils n'ont pas pu entrer, les ambulanciers l'on ramenée ici. C'est pas l'aide à domicile qui l'aurait la clé ? » Non, notre tortue n'a jamais voulu nous les confier. Alors, comment fait-on ? L'infirmière cherche une solution et nous rappelle.

Je laisse Timothé se dépatouiller avec cette histoire de clé disparue car je dois me rendre auprès de Monsieur Géraud. Il a été admis quelques jours plus tôt en soins palliatifs tout près de chez lui. Il s'est battu durant trois années contre une saloperie de cancer. Il s'est bagarré comme un lion, il n'allait pas lâcher la vie comme ça, Claude, mais ces pourritures de cellules dégénérées semblent avoir gagné. Ici, plus de thérapeute. On ne soigne pas – on accompagne, on chasse la douleur. Peu importe le temps qui reste, tant qu'on n'a plus mal.

En entrant dans la chambre, je ne le reconnais pas. Pourtant, on s'est vus il y a seulement quelques mois. C'est en entendant sa voix que j'ai su qu'il s'agissait bien de lui. Lui, c'est mon prof de fac. C'est mon Monsieur Keating à la française : « Ô Capitaine, mon Capitaine ! » Monsieur Claude Géraud répétait souvent à ses étudiants : « Vous êtes le poil à gratter de notre société ! » Voilà une expression qui m'amusait bien lorsque j'avais 19 ans, mais pas sûr que j'aie beaucoup titillé le système. J'ai plutôt appris à faire avec. La sincérité de l'attachement que j'ai pour lui n'est pas liée à la fréquence de nos rencontres. Ce jour-là, je me rappelle que la maladie, la mort peut-être, ne se limitent pas à mon job. Elles peuvent croquer les gens que j'aime aussi, sans que je n'y puisse rien… Il n'y a pas très longtemps, elles m'ont pris mon grand-père maternel, les deux connasses. Ça m'a fait terriblement mal.

Il est tellement maigre maintenant, les traits tirés, plus de cheveux, mais il ne souffre plus. Il m'explique qu'être là est pour lui une délivrance. Les soignants y sont avenants et disponibles. La douleur, sa douleur, est correctement prise en charge. « Je voulais mourir quand j'avais mal, mourir vite pour que mon calvaire s'arrête, mais maintenant, je ne souffre plus, alors rien ne presse. » Ici, il est entendu et accompagné ; ici, il parle de ses angoisses, de la mort qui viendra, du déchirement prochain lorsqu'il laissera ceux qu'il aime. Je reste avec lui une bonne partie de l'après-midi. Ce moment passé ensemble n'a rien de pesant. Sans drame, sans larmes, je l'écoute : Claude, même mourant, a encore et toujours un avis sur tout : la politique, le monde, la France... Il reste comme je l'ai connu, un mec épatant. Une cascade de souvenirs me reviennent.

Septembre 1995. Notre première rencontre, cours d'histoire d'éducation populaire, j'ai 19 ans, je suis arrivée à l'université tant bien que mal, plutôt avec du mal. Et là, je comprends pourquoi cela valait le coup de m'accrocher. Bien calée sur ma chaise, je l'écoute et je me régale. Monsieur Géraud raconte, partage et met du sens. Pour la première fois, je suis à ma place, moi dont l'école n'a pas voulu.

Juin 1996. L'université ne veut pas de moi non plus, elle me renvoie. Claude plaide ma cause. Il me reçoit. Ce sera un redoublement. Il me regarde par-dessus ses lunettes : « Mouchenik, vous vous accrochez, on se revoit l'année prochaine. »

1998. Mon diplôme en poche, nos chemins se séparent. Fini la fac, je rentre dans la vraie vie.

2004. Le temps est passé, je suis devenue maman. Le hasard de la vie fait que je retrouve Claude lors d'une soutenance que je passe alors. Quelle joie pour moi de lui montrer l'adulte que je suis devenue ! Durant cet oral, je devine sa fierté d'y être un peu pour quelque chose...

2007. Claude me demande d'intervenir auprès de ses étudiants en carrières sociales. Ainsi je deviens, occasionnellement, prof vacataire dans cette même université qui, douze ans plus tôt, ne voulait plus de moi. Par la suite, j'intègre le conseil d'administration en qualité de personnalité extérieure. « Belle revanche, Mouchenik ! », me dira Claude plus tard, un petit sourire au coin des lèvres, ses lunettes au bout du nez.

Il est retraité aujourd'hui, mais Claude a mis du talent et du cœur[8] à exercer son métier de professeur. Il a aidé un paquet de jeunes à devenir adultes, beaucoup de mes anciens camarades ont certainement des souvenirs similaires aux miens.

*

Il est tard, son épouse nous a rejoints. Je les laisse en promettant de revenir le voir le jeudi suivant. Il faut que je repasse au bureau, ma journée n'est pas terminée. Timothé est encore et toujours en ligne avec l'hôpital. Les clés ont été trouvées : « Madame Yda les avait mises dans sa culotte pour pas les perdre ! » C'est sûr que là, personne n'avait cherché. Les ambulanciers la ramèneront chez elle demain. Tim rappelle Cécile pour lui dire.

Monsieur Géraud est mort le lendemain de ma visite, entouré de ses fils et de sa femme. Par son im-

8. Jean-Jacques Goldman, « Il changeait la vie ».

plication et l'intérêt qu'il nous portait, il laissait un peu de lui dans le cœur de chacun de ses étudiants et pas que… Un mensch partait sur la pointe des pieds.

Le nerf de la guerre, c'est l'argent (mais pas que)

Un truc nouveau avec l'allongement spectaculaire de l'espérance de vie, c'est que les personnes handicapées vieillissent elles aussi. Autant on avait une petite expérience de l'accompagnement des « super vieilles personnes » – elles étaient moins nombreuses il y a une vingtaine d'années, mais on rencontrait des Jeanne Calment, des très vieux, des centenaires – mais alors de vieilles personnes handicapées, ça, c'est vraiment un truc qu'on découvre ces dernières années. Et ce n'est pas tout à fait pareil de soutenir ces personnes-là. On a un paquet de choses à apprendre ! Alors quand Madame Malinez m'a demandé de nous occuper de Monsieur et Madame Hanin…

– Allô, Madame Hanin ? Madame Hanin, c'est Fouzia. Madame Hanin, vous m'aviez promis d'arrêter de lessiver les murs et de partir vous promener avec Nadia. C'est important pour vous de sortir un peu, de vous promener. C'est aussi important que d'avoir un appartement propre. Ça fait des années que vous ne sortez plus. Nadia est là aussi pour ça, pour vous accompagner. C'est l'assistante sociale qui a insisté.

– D'accord ma fille, d'accord, je sors tout à l'heure, c'est promis, je sors tout à l'heure…

Petite victoire pour Fouzia.

– Formidable ! C'est promis ? Je vais le dire à Nadia, vous voulez bien me la repasser s'il vous plaît Madame Hanin ?

Malgré un retard intellectuel important, Monsieur et Madame Hanin ont une vie normale. Avec l'aide de leurs parents, ils se sont mariés et ont eu trois enfants. Ces derniers sont adultes à présent. Ils ne vivent plus avec leurs parents aujourd'hui, mais ils veillent sur eux comme leurs grands-parents l'avaient fait avant eux. Madame Malinez est travailleur social d'une fondation parisienne. On sent l'affection qu'elle leur porte. Elle rit beaucoup aussi lorsqu'elle est avec eux ; pourtant, pas simple cet accompagnement !

En réalité, Monsieur et Madame Hanin n'ont pas besoin de grand-chose, mais pour autant la situation n'est pas facile. La présence de l'aide à domicile, c'est surtout pour rythmer la journée, freiner quelques attitudes compulsives obsessionnelles : Madame est obnubilée par la propreté, une fada du torchon, une accro de la javel au sens propre (sans mauvais jeu de mots). Elle récure, lessive murs, sols et plafonds du matin au soir. On peut se dire que c'est un toc top, mais non. Cela occasionne plusieurs dégâts des eaux. Ajoutez à cela qu'ils ne s'expriment qu'en criant (la Méditerranée aidant) et vous obtenez de multiples plaintes du voisinage et une belle procédure d'expulsion en cours. Monsieur a également des problèmes d'élocution. On ne comprend pas bien ce qu'il dit, même en s'accrochant. Ça l'énerve beaucoup. Ça n'a pas dû être simple, son rapport aux autres, ces autres qui ne sont pas ceux qui protègent et qui aiment. Et nous, pour lui, on est ces autres, alors lorsqu'il nous appelle, il se montre fort et ferme. Ça se traduit par ordre et autoritarisme chaque fois qu'on l'a en ligne, histoire de nous rappeler qui est le chef. Comme bien souvent on ne comprend rien, nos échanges téléphoniques finissent par un « pute, connard, chiotte ! » qui eux sont remarquablement audibles. Autant vous dire qu'on n'est pas le premier service à intervenir.

Ce matin, notre Muppet n'est pas venu au bureau comme il le fait chaque jour depuis des mois. Les premières heures, tout le monde était ravi, mais là, il est midi et toujours personne. Ce n'est pas qu'il nous manque, mais on s'inquiète quand même. Pourquoi n'est-il pas là ? Va-t-il bien ? Ce n'est pas le jour en plus, c'est la fin du mois, je suis sur les factures et les fiches de paie. Un truc que je déteste et qui prend du temps. Mais ce matin, impossible de me concentrer : notre emmerdeur n'est pas là et ce n'est jamais arrivé.

Nous avons ses clés. Après tout, nous sommes à présent en famille, comme il dit, et quand même, ses enfants ne veulent plus en entendre parler (tu m'étonnes !), à qui d'autre aurait-il pu les confier ?

Il ne répond pas au téléphone, mais il n'entend plus grand-chose notre petit monsieur, alors ça ne veut pas dire qu'il n'est pas chez lui. Son appartement est tout près. Je pars y chercher ma sérénité. Il sera là, lassé de nous mais en bonne santé, et j'aurai enfin l'esprit à ce que je fais.

Me voilà devant sa porte. Je cogne bien fort pour qu'il m'entende. Pas de réponse. J'entre. Aucun bruit. Je fais des « hou hou, Monsieur Henri ? C'est moi, c'est Dafna, on s'inquiète, on ne vous a pas vu ce matin. » Je redoute de le trouver mort. Le salon sent l'urine, mais la maison est bien rangée. Je continue mon exploration. Personne dans la chambre non plus. Enfin, je perçois du bruit dans la salle de bains. J'entre et c'est avec soulagement que je vois mon horrible petit bonhomme bien vivant, nu comme un ver, assis dans sa baignoire. Je crois que je n'ai jamais été aussi contente de le retrouver. C'est qu'on s'attache avec le temps ! Pour lui, c'est le début de la fin de « je vis ma vie tout seul ». Il peut encore entrer dans sa baignoire mais ne peut visiblement plus en sortir sans aide. Futé, mon petit Monsieur, pas inquiet (il savait bien que je viendrais à son secours), avait attendu en rajoutant de l'eau chaude lorsqu'elle refroidissait. Décontracté, pas gêné de ma présence dans sa salle de bains, j'ai droit à un baise-main de salutation comme il le fait chaque matin au bureau, mais cette fois sans chemise ni pantalon. Les pompiers sont là quelques minutes après mon appel. Ils délivrent alors ma drôle de sirène de sa prison aquatique et le transportent à l'hôpital. Il n'y restera pas longtemps, se foutant bien de l'avis des médecins. Il s'échappera et nous le retrouverons fidèle au poste sur notre canapé vert le matin suivant.

*

Nadia rappelle. Fouzia prend la communication :

– Nadia, elle ne veut pas sortir, c'est ça ?

– Si, si, Fouzia, on est dehors, mais maintenant elle ne veut plus rentrer !

*

Me voilà de retour. Plus de prétexte pour échapper à ma corvée. Je me remets au boulot. Et c'est maintenant que ça arrive. Vous vous rappelez, je vous avais dit que je m'occupais de la compta et des règlements. Que je le faisais mal et que plus tard j'allais pleurer. Eh bien c'est là, tout de suite, et je pleure.

À bâcler comme ça, à dire que « ça ne m'intéresse pas », eh bien personne ne règle ses factures. Il ne me faut pas longtemps ce jour-là pour comprendre que nous sommes à sec. Plus de sous, plus un rond pour régler charges et salaires ! C'est bien gentil de bosser pour des clopinettes, mais pas sûr que mon équipe soit d'accord pour être réglée les 35 du mois. Fini les conneries, il faut que je récupère l'argent et vite, plus que quelques jours avant les payes. Impossible pour moi de ne pas y faire face.

L'argent est là, mais pas sur notre compte.

J'appelle le département de Paris, les caisses de retraite ; je téléphone aux personnes âgées et à leur famille, une à une, pour leur demander de nous régler le plus vite possible. Je préviens le banquier, pas d'autorisation de découvert mais le directeur d'agence me sauve, ouf. La somme sera débloquée le temps que je récupère ce qu'on nous doit. Fini pour moi visites et rencontres incongrues. Ce sera gestion et comptabilité, en chef d'entreprise sérieuse et responsable que je dois être. Je suis punie.

Bien sûr, pour moi, c'est un cauchemar, parce que je déteste faire ça. Je suis nulle en plus, distraite, brouillon, désordonnée. Alors, à la première occasion, je confie pour partie cette mission à Eve. Plus consciencieuse et organisée, y a pas ! Je sais pouvoir lui faire confiance, elle ne lâchera rien ! Le service facturation est né et avec lui le début d'une structuration… Merci, Eve ! Eve, je vous en ai déjà parlé. Elle est épatante.

Si tu veux aider la collectivité, crée ton entreprise !

« Avant les autres j'aurais su que le seul sentiment qui dure,
C'est le chagrin d'une rupture où je n'aurais jamais rompu. »
Julien Clerc, « Double enfance ».

Je ne vous ai pas encore parlé de Marie-Christine. Pas simple de la raccrocher à cette histoire, elle ne bosse pas avec moi, n'a jamais travaillé dans le cadre du soutien à domicile mais je ne peux pas ne pas en parler. C'est la mère d'Eve, ma sœur qui n'est pas la fille de ma mère. J'adore expliquer les choses comme ça ! Il y a toujours quelqu'un qui dit : « Ah, c'est ta demi-sœur ! » Ça m'énerve beaucoup : laquelle de moitié d'elle n'est pas ma sœur ? Qu'est-ce qu'on ne comprend pas quand je dis : « Eve, ma petite sœur, la fille de mon père, qui n'est pas la fille de ma mère » ? Parfois, je complique le truc, je dis : « Je vous présente David, le frère de ma sœur Rachel, qui n'est pas mon frère, mais que j'aime comme un frère. » Bon, je reconnais que ce n'est pas facile à suivre. Mais c'est ça la réalité des familles, cassées, décomposées, recomposées, reconstruites : c'est le bordel, c'est compliqué, mais il n'y a pas de demi-mesure, pas de demi-amour, pas de demi-famille.

– Nous sommes cinq, j'ai deux frères et deux sœurs. Un frère de mes deux parents, Gad ; un frère et une sœur, enfants de mon père, Martin et Eve ; une sœur, fille de ma mère, et on pourrait être plus encore : le père de Rachel avait déjà trois enfants avant d'épouser ma mère, ai-je un jour expliqué à une collègue dont les parents sont maliens.

– Mais ce n'est pas compliqué, c'est comme nos familles africaines !

Les familles recomposées sont donc des familles africaines à la française. J'adore !

Quelques années après sa séparation, mon père a emménagé avec Marie-Christine. Cette jeune femme de 29 ans était assistante sociale à la protection judiciaire de la jeunesse. Elle apprivoisa avec beaucoup de douceur et de patience la petite fille inquiète que j'étais alors. Sans se prendre pour ma mère, elle sut s'inventer une place de parent singulière et, par sa présence, apportait toute sa sensibilité et son affection à cette famille ainsi recomposée. Très vite, elle me parla de son travail et me raconta les histoires d'enfants ou de jeunes ainsi rencontrés.

Marie-Christine est épatante parce qu'elle n'est jamais en proie au découragement. Telle une fourmi, travailleuse, déterminée, elle porte son grain de sable à l'édifice du bien commun. Humblement et sans jamais l'exprimer, Marie-Christine m'apprit à ne jamais se résigner. Des êtres humains, il y a toujours du bon à révéler, particulièrement chez de toutes jeunes personnes. L'adolescente que je devenais ne perdait pas une miette de ce qu'elle m'expliquait. Il est certain qu'elle n'est pas étrangère aux choix professionnels qui furent les miens.

> *« Deux maisons, deux quartiers, deux gâteaux d'anniversaire,*
> *Multiplier les pères et mères n'a pas que des mauvais côtés. »*

Grâce à elle, je perçus très vite la notion de temps dans l'accompagnement, le travail au long cours de construction de réseaux et de partenariats indispensables à activer pour faire valoir des droits, orienter au mieux des personnes prises en charge, apporter des solutions ; la notion d'écoute et du souci de l'autre, celle du travail d'équipe aussi… Autant d'items que je retrouverais plus tard durant ma formation universitaire et les différents postes que j'occuperais. Ma carte de visite porte toujours la mention de Travailleur Social. Ça fait sourire tout le monde, mais c'est comme cela que je continue de me définir.

Aujourd'hui, la prise en charge de la perte d'autonomie, notamment auprès des personnes les plus fragiles, s'impose comme un sujet économique et sociétal majeur. Aider des personnes dépendantes à vivre à leur domicile est la mission première de notre service. Pour cela, nous nous appuyons notamment sur les différents dispositifs parisiens. Pas toujours suffisants, ils ont le mérite d'exister, et pour le reste nous apprenons à faire avec « trois bouts de ficelle ». Nous sommes les pros du système D, sollicitant tous les autres susceptibles d'apporter de la complémentarité. Les autres, c'est toutes les associations de bénévoles, d'action sociale, les infirmières, les services de soins, les orthophonistes, les kinés, les médecins, les services publics dédiés, les services de tutelle, les accueils de jour, les réseaux de santé... une armée médico-sociale déferlant aux domiciles des plus fragiles. Seuls, ce serait mission impossible.

Sans m'en rendre compte, nous devenons une contradiction (c'est peut-être ça dont parlait Claude, avec son histoire de poil à gratter de la société ?), une critique constructive, une mutation, une recherche-action, une réponse pragmatique. Cette petite équipe est composée d'idéalistes-réalistes. Elle essaie de lier ce qui semble antinomique. Parce qu'on se fiche des paradigmes : ce qu'on veut, c'est trouver des trucs qui marchent, apporter des solutions, peu importe leur imperfection, c'est toujours mieux que rien. C'est un début, quelque chose qui amorce. Du coup, j'ai une revendication : je milite pour la réhabilitation de la « gentillesse ». Il semble qu'aujourd'hui ce soit une faiblesse, alors que c'est le postulat de départ pour tout, avec l'empathie. En même temps, si on est dans l'empathie, on est forcément gentil. Qui a envie d'avoir face à soi quelqu'un de sec, désagréable, indifférent, méchant ? Ce projet, cette histoire, les gens qui bossent avec moi, c'est de l'empathie avec un A. Oui, je sais maintenant que le mot s'écrit avec un E, mais finalement, c'est notre touche à nous ce A, cette petite équipe patchwork composée de tous ceux que j'aime et qui font comme ils peuvent pour assurer aide et soutien aux vieux Parisiens. C'est mon A, eux et tous les autres qui y contribuent.

Le paradoxe, c'est qu'être chef d'entreprise me donne des possibilités dont aucun travailleur social ne dispose vraiment. Ça, je le découvre au fur et à mesure. Je suis employeur dans un pays qui compte un paquet de chômeurs, ce n'est pas rien ! Avoir un emploi, ce n'est pas juste pour vivre. Faire quelque chose de soi est aussi vital. Le travail n'est pas seulement source de revenus ; il met du sens, rythme le temps, il est vecteur de lien social. Faire vivre les siens, au prix d'efforts, procure une vraie fierté. Et moi, j'ai la possibilité de proposer un travail qui fait sens, à temps plein, qui peut être le début d'un parcours professionnel pour celles qui s'y engagent et deviendront plus tard aide-soignante, infirmière, travailleur social… Parce qu'en France, on peut se former tout au long de sa carrière professionnelle. Quel levier formidable ! Le vrai sujet, ce n'est pas de manquer de boulot, c'est de ne manquer de personne pour faire le job, et de bonnes personnes !

L'une des difficultés principales auxquelles je me heurte est que le métier a mauvaise presse. Personne ne veut être aide à domicile : c'est dur, c'est mal payé, c'est ingrat… Même si cela est un peu vrai, j'ai quand même une petite marge de manœuvre pour faire mieux en tant qu'employeur. Quant à l'image peu valorisante du métier, à quand un film, une histoire, une émission sur ces héroïnes du quotidien ? Coline Serreau, Olivier Nakache, Éric Toledano, montrez-nous le beau, le bon de ce boulot, le tout dans une comédie qui nous fasse rire, qui nous émeuve aussi, et je suis sûre qu'il y aura plus de candidats !

Et puis, le pouvoir économique dont je dispose, bien que limité, me permet d'apporter davantage : acompte, réseau, lettre d'appui pour une place en crèche, recherche d'un logement, aide au renouvellement de carte de séjour… Il ne me l'avait pas dit ça, Claude, durant mes années universitaires : « Si tu veux aider au mieux la collectivité, crée ton entreprise ! »

Être un prétexte pour parler à quelqu'un

Timothé, c'est le mec le plus chouette de la terre, sans exagérer. Je dis ça, sans aucune objectivité, mais c'est quand même vrai. Timothé, lorsqu'on lui hurle dans l'oreille : « Mais ce n'est pas de l'aide à domicile, c'est du stress à domicile ! Ce n'est pas compliqué, j'ai besoin de quelqu'un à 10h ! *10h !* C'est pas 9h30, c'est pas 10h30, c'est *10h* ! Passez-moi immédiatement la directrice ! Comment ça, elle est déjà en ligne ? Dès qu'elle raccroche, elle doit me rappeler ! Comment je m'appelle ? Ça ne vous regarde pas ! Vous lui dites de me recontacter, un point c'est tout ! » ou bien « Pourquoi vous dites que je suis raciste ? Je ne suis pas raciste, je vous explique simplement que je ne veux pas de négresse chez moi ! Alors vous m'envoyez une Française, ou une Arabe, pour faire mon ménage, et c'est tout ! Ce n'est pas compliqué ! », Tim tient le cap. Il ne se met pas en colère, il ne perd pas patience. Il n'oublie pas ce que lui a dit Fouzia lorsqu'il a commencé : « Tu vas avoir en ligne des personnes malades, des gens malheureux ; pour certains, tu seras la seule personne à qui ils parleront dans leur journée. » La douleur, l'isolement expliquent certains comportements. Pas tous, mais certains.

Toute la journée, avec une patience d'ange, il répond aux questions récurrentes : « Mais c'est qui, que vous m'envoyez ? Et quels jours ? Elle vient à quelle heure ? » Lorsque l'aide à domicile est malade ou en vacances, pour peu que le remplacement ne se fasse pas sur les horaires habituels, vent de panique, ça sonne dans tous les sens... Répondre demande alors énergie et talent, une bonne dose d'humour aussi. Ça tombe bien, Timothé a tout ça ! Avoir quelqu'un comme lui à nos côtés, c'est une chance : renseigner, rassurer, désamorcer, imaginer, contourner aussi (oui, souvent il faut ruser, ne pas mentir, mais ne pas tout dire), Timothé sait faire.

Ça faisait longtemps que j'insistais pour qu'il vienne travailler avec moi. Je savais qu'il serait parfait, restait à le convaincre. Il refusait toutes mes propositions et je sais pourquoi. Il avait peur de se planter. Timothé ne sait pas qu'il est formidable, on n'a pas dû lui dire assez quand il était petit. Je le sais car Tim est mon ami depuis toujours. Ce grand garçon noir, né en France d'une maman haïtienne, habitait au coin de ma rue quand nous étions ados. Il a grandi dans une petite cité du Val-de-Marne. Lui et sa famille habitaient un deux pièces encombré. Dans l'un de ses spectacles, Jamel Debbouze raconte que son père a travaillé très dur toute sa vie pour être aussi pauvre. Tim peut dire la même chose de sa mère.

Sa mère ! Elle aussi, c'est toute une histoire. Elle a élevé seule ses deux garçons. Le truc fou, c'est qu'elle était aide-ménagère. Eh oui, au début des années 1980, on ne parlait pas d' « auxiliaire de vie » ou d' « aide à domicile ». Pas d'annualisation du temps de travail non plus, on les payait à l'heure les petites dames, autant dire au lance-pierre. La mère de Tim se levait super tôt pour aider des vieilles dames à se lever, à petit-déjeuner, se laver, déjeuner avant d'attendre plusieurs heures pour faire dîner, déshabiller et recoucher de vieux messieurs, finir sa journée très tard et gagner des clopinettes. Travailleur pauvre des premières heures, elle ne se plaignait jamais. Timothé connaissait l'ingratitude et la précarité de ce métier à travers elle, alors forcément, maintenant qu'il bosse à nos côtés, il pense à elle. Maintenant que sa maman est à la retraite, c'est nous qui lui envoyons une aide à domicile. Je l'aime beaucoup sa maman, elle a un cœur tellement grand que tout le monde y a sa place. Une dame qui croit en Dieu sans rien attendre de lui. Il y a beaucoup d'elle en Tim c'est sûr, Dieu en moins. Et puis, c'est une dame décalée.

Timothée dit souvent qu'elle commence les phrases dans sa tête pour les finir à haute voix. Elle s'étonne que nous ne sachions pas toujours de quoi elle parle. C'est la seule personne que je connaisse qui ait assisté à l'enterrement d'une amie qui n'était pas morte. Quand elle l'a croisée par hasard dans la rue, de son accent chaleureux d'outre-mer, elle a crié au miracle. Elle a remercié Dieu de lui avoir rendu son amie, elle qui avait tant pleuré lors des funérailles de… ? On ne saura jamais. Son amie était vivante, c'était l'essentiel. La maman de Tim, c'est pas qu'elle n'a pas toute sa tête ; c'est qu'elles sont plusieurs dedans.

Enfant, Timothé apprit à faire avec très peu, chaque sou comptait, mais affectivement, il a été le plus riche des petits garçons. Il avait grandi fort de cela et de sa fantaisie décalée. Sa scolarité a été désastreuse et il a quitté l'école avec un vague BEP en poche. Il a entrepris une formation pour devenir éboueur. Je ne parvenais pas à m'y résoudre. Il possédait en lui trop de qualités humaines pour ne pas les mettre au profit des autres. Alors, sans le lui dire, j'ai répondu en son nom à un appel à candidature au service jeunesse de la ville où nous habitions. Il avait toutes les chances d'être recruté, mais il fut très contrarié lorsqu'il apprit ce que j'avais fait (carrément fâché, en fait !). J'eus du mal à le convaincre de se rendre à l'entretien d'embauche. Pourtant, tout se passa pour le mieux et Timothé fut choisi pour le poste. À compter de ce jour, il m'a officiellement désignée comme sa fée, certain que tant que nous serions amis, je veillerais sur lui, un peu comme son ange gardien. En réalité, je ne sais pas qui est l'ange de qui.

Timothé est curieux de tout. Il a une compréhension fine de l'actualité, des événements qui marquent quotidiennement notre société. Il me livre sa perception du monde ; il a le talent d'expliquer simplement des concepts compliqués et de les rendre accessibles. Il me surprend toujours ; quel gâchis qu'il n'ait pas fait d'études, il aurait fait le plus merveilleux des professeurs. En plus, il est très drôle, et c'est certainement ce que retiennent ceux qui ne le connaissent pas.

« *Elle croyait qu'on était égaux, Au pays de Voltaire et d'Hugo, Mais pour Debussy en revanche, Il faut deux noires pour une blanche, Ça fait un sacré distinguo...* »[9]

Avec Timothé, j'ai découvert aussi quelque chose de bien plus douloureux : un racisme quotidien, insidieux, autorisé ; celui que je ne pouvais soupçonner. Ma judéité est invisible, je ne suis pas exposée aux préjugés. Il en est tout autrement lorsque l'on porte sa différence sur soi. Mais Timothé ne semblait jamais en colère. Il avait bien intégré toutes les règles et composait parfaitement avec cette réalité. Aussi ne sortait-il jamais sans ses papiers, faisant

9. Pierre Perret, « Lily ».

ainsi face au moindre contrôle d'identité inopiné. Il ne fraudait jamais dans les transports, il ne se mettait jamais en situation d'infraction. Il craignait les forces de l'ordre. Il était refoulé aux entrées de boîtes de nuit, de pubs… Le contraste était fort entre nos deux vies, autant que ma peau est claire et la sienne foncée, autant que je suis femme et lui homme. Avec notre amitié naissante, il découvrait ce que lui appelle encore non sans humour « le monde enchanté de Dafna ». Lorsque j'étais à ses côtés, il était blanc.

Les années passant, je me suis mariée, j'ai eu mes enfants et l'amitié entre Tim et moi a perduré. À son tour, il a rencontré sa compagne. Ils ont eu deux ravissantes petites filles. C'est là que mon ultime chance s'est présentée. Ils n'avaient pas de place en crèche et impossible pour eux de se passer d'un salaire. Comment reprendre le travail s'il n'y avait personne pour garder leur bébé ? J'ai proposé à mon ami d'intégrer l'équipe et d'assurer sa mission en télétravail tant que le problème de garde ne serait pas résolu. Il n'y avait en réalité pas d'autre solution. Il posa une disponibilité d'un an auprès de son employeur et intégra ce nouveau poste dès la fin du congé parental de sa compagne. Timothé avait rejoint l'équipe. Il allait très rapidement être mordu par ses nouvelles fonctions. Timothé est à présent avec nous tous les jours au bureau. Aussi tragiques que soient les situations que nous vivons, il souligne le comique de tout événement. On rit beaucoup grâce à lui, ça nous sauve.

Prendre des coups

– Je regrette, vous n'êtes pas Monsieur POIRIER ! Monsieur POIRIER est petit et très gentil. Il y a deux jours, une blonde est passée chez moi !

– Oui, Madame Ny, c'était moi ! Je vous ai prévenue que chez nous, on changeait souvent de coiffure, c'est un tissage, on peut en changer souvent !

Sébastien est au domicile de la vieille dame. Charlotte est avec lui, c'est l'aide à domicile qui l'a appelé au secours. Des mois qu'elle ne peut pas faire son boulot sans risquer sa peau.

Madame Ny est mi-femme, mi-ninja. Elle est minuscule, elle marche sur trois jambes, on a l'impression que si le vent souffle, elle tombe, mais c'est pour mieux tromper l'ennemi. Tel Maître Yoda au moment qu'elle juge le plus opportun, le plus inattendu, elle se redresse, fait virevolter sa canne tel un nunchaku au-dessus de ses épaules et assène le coup fatidique aux têtes qui ne lui reviennent pas. Et elles sont nombreuses ! Une technique d'attaque indécelable. Plus personne ne veut s'y rendre. Sébastien et Charlotte risquent gros. Ils le savent. À tout moment, ils peuvent se faire frapper, assommer, esquinter, démonter. Mais là, trop, c'est trop, il faut bien venir en aide à la courageuse Charlotte qui, héroïquement, se rend tous les jours au domicile de Madame Ny. En plus d'avoir su développer une technique de self-défense presque imparable, une maîtrise du krav-maga dont seule l'armée israélienne a le secret, Charlotte a appris à déjouer tous les pièges et embûches que Madame Ny a installés dans son appartement. La vieille dame utilise entre autres des épingles dont elle truffe le dossier du canapé et les assises des chaises. Tout peut faire office de sabre et d'épée. Une force de la Nature, cette Madame Ny. Lorsqu'elle est tombée de tout son poids sur sa table, ce ne sont pas ses os qui se sont brisés, mais le bois ! La table en chêne a littéralement explosé. Madame Ny a soigneusement ramassé les quatre pieds pour équiper chaque pièce de gourdins. Elle ne sera pas prise au dépourvu le jour où il faudra se battre et repousser l'ennemi. Peut-être que ce jour est arrivé ? Qui sont ces deux énergumènes plantés dans son salon ?

Sébastien se tient aux côtés de Charlotte pour signifier que non, on ne tape sur personne, même quand on est en colère, même lorsqu'on est contrarié. On sent bien qu'elle est un peu décontenancée, alors elle tente de se justifier :

– Ici, y a plein de clochards ! Là, tout à l'heure, il y a un grand qui est venu sonner chez moi ! J'ai pas ouvert !

– Oui, Madame Ny, c'était moi le grand qui est venu sonner ! répond Sébastien. Effectivement, vous m'avez aussitôt claqué la porte au nez…

Elle ne se laisse pas démonter.

– Y a plein de gens qui se plaignent dans la rue des auxiliaires, alors je peux taper dessus !

Des années qu'elle est pas sortie de chez elle, impossible qu'elle ait entendu qui que ce soit se plaindre. Sébastien insiste, Madame Ny explose et, dans un mouvement dont elle seule a le secret, du haut de ses 30 centimètres et de ses 95 ans, en un quart de seconde, vient fracasser le pied de Sébastien de sa canne nunchaku. Heureusement, même s'il n'a pas su éviter le coup, Sébastien pratique lui aussi divers arts martiaux (pratique indispensable à l'exercice de ses fonctions). Il ne se penchera pas en avant pour saisir son pied blessé, il recule pour se mettre hors de danger.

Quelques années avant qu'il ne se rende chez la femme ninja, Sébastien était venu me donner un coup de main. Il était au chômage depuis quelques mois. L'inactivité lui pesait. Je devinais son besoin d'avoir à nouveau un travail. Pas seulement pour des raisons financières, mais aussi pour le sens, la structuration que cela apportait à sa vie. J'étais débordée, Fouzia était souffrante et avait dû s'absenter pendant plusieurs semaines. Nous n'arrivions plus à tenir le rythme. Par hasard (ou grâce à mémé Rose), il m'avait passé un coup de fil pour prendre de mes nouvelles. J'avais disparu de son signal radar depuis trop longtemps. J'étais au bord de l'épuisement et, spontanément, il m'avait proposé son aide. Le lendemain, il était dans nos bureaux, assis à la place de Fouzia, décrochant le téléphone et tentant de calmer la colère des gens.

Il n'est plus reparti. Je lui ai confié la responsabilité du XXe arrondissement. Le poste que je lui proposais était bien loin de ce pour quoi il avait été formé. Sébastien fit néanmoins le deuil de son ancien job et s'investit complètement dans cette nouvelle mission. Il a très vite aimé ce travail parce qu'en réalité, il aime les gens.

Nous nous étions connus lors d'une colonie de vacances où il était animateur et moi directrice. J'avais alors 21 ans et lui 19. Nous emmenions au ski les enfants de nos quartiers. La ville qui nous employait défendait l'idée du « droit aux vacances pour tous » et avait foi en sa jeunesse. Sébastien, immense garçon tout maigre, avait toujours faim et mangeait d'incroyables quantités de nourriture qui ne le rassasiaient jamais. Sa grande taille ne le mettait pas toujours à l'aise, il était extrêmement maladroit dans ses mouvements.

C'est une chose d'être amis et une autre que de travailler ensemble. Entre nous, ça a clashé très vite. Il ne gérait pas toujours son stress (moi non plus, du reste) et tout lui prenait un temps infini. Vitesse et prise de décision rapide sont un atout majeur pour faire le job ; lui était lent et avait un souci de perfection qui le mettait en difficulté. Nos rapports étaient électriques. Le moindre mot pouvait donner lieu à des échanges sans fin dont nous sortions chacun frustrés. Ce qui semblait compris par tous était interprété différemment par Sébastien (du moins, c'est ce que je croyais), ce qui, là encore, pouvait donner lieu à de gros malentendus. Petit à petit, insidieusement, la rancœur s'installait. Nous ne pouvions plus nous saquer.

De toutes les personnes que j'avais recrutées, je pensais qu'il était le seul à me mettre en difficulté (j'avais tort). La vérité, c'est que j'étais dure, inquiète lorsqu'il avait à gérer une situation délicate ; je tentais de me substituer à lui chaque fois que je pensais qu'il ne serait pas à la hauteur. Cet état de crispation nous rendait tous deux amnésiques : il avait oublié tout ce que j'étais et j'avais oublié tout ce que j'aimais et reconnaissais en lui. Il aurait accouru si j'avais rencontré un vrai problème.

Il est celui qui me ménage le moins. Mensonge par omission est un concept qui lui est étranger, même si cela peut être parfois utile dans notre rapport aux autres : toutes les vérités ne sont pas utiles à dire, il faut parfois laisser couler. Mais il est très impliqué, il accompagne les personnes que je lui confie avec affection et bienveillance, intelligence aussi, lentement mais sûrement. Alors, j'appris à m'accommoder de tout ce que je détestais chez lui, ses qualités étant bien plus grandes et plus fortes que le moindre de ses défauts. J'imagine que, de son côté, Sébastien a su faire la même chose. Pourtant, lui aussi en avait gros sur le cœur. Un dossier épais comme le bottin devait être à charge contre moi ! J'étais exaspérante, intrusive, peut-être même castratrice, mais sans doute m'aime-t-il plus qu'il ne déteste ces traits de caractère. La raison aurait voulu qu'on arrête de travailler ensemble, mais nous nous sommes accrochés. Nos rapports sont toujours un peu compliqués, mais avec le temps, ça va de mieux en mieux. Je peste encore un peu, mais je sais pouvoir compter sur lui. Cette « boîte », c'est la sienne et il se donne. C'est précieux.

*

Maintenant, il est dans le salon de Madame Ny, qu'il doit raisonner. Pas gagné son histoire, mais

Charlotte constate que lui aussi s'expose, que ce n'est pas un petit gratte-papier derrière son bureau, un petit chefaillon l'envoyant au casse-pipe pendant que lui reste bien planqué et loin du danger. Non, Seb, il prend des coups, des portes, des vents, des fins de non-recevoir, des insultes comme elle et tout ça, ça fait un bien fou à Charlotte !

Elle reviendra demain, rien n'aura changé, mais elle sait qu'il est vraiment désolé du mal qu'elle se donne pour recevoir tant de mal en retour. Au final, il est aussi démuni qu'elle. Que faire pour cette femme convaincue que tout est agression et qui sort les armes au moindre soubresaut ? Et en même temps, qui se rendrait chez elle si ce n'était pas Charlotte, qui supporterait comme elle a supporté et comme elle supportera encore ? Elle ne peut pas la laisser… alors, elle reviendra demain, elle le sait.

« Madame, en quoi consiste votre travail ? »

« Sommes-nous seuls dans cette histoire, les seuls à continuer à croire, Regardons-nous vers le bon phare ou le ciel est-il vide et creux ? »
Francis Cabrel, « Le chêne liège »

C'était un monsieur sans histoire. Pas de trouble cognitif ni de comportement ingérable. Une personne qui se lève, se lave, fait ses courses seul et gère plutôt bien son quotidien. Et puis, sans qu'on sache bien pourquoi, il y arrive moins bien. Sa famille s'inquiète et insiste pour qu'il se fasse un peu aider.

Alors, ils viennent nous rencontrer. « Ils », c'est lui, le monsieur, avec son neveu et son épouse, qui habitent à trois heures de Paris. Lui n'a pas d'enfants, ne demande rien et ne fait jamais état de difficulté. Pas simple de l'aider. Ils se voient trois ou quatre fois dans l'année. D'une fois à l'autre, le neveu et sa femme comprennent vite que ce n'est pas la même musique, que l'état de l'oncle a changé. « Depuis notre dernière visite, il semble plus fatigué et tout lui est difficile, mais il ne se plaint jamais. » Non, le vieil homme continue lentement, très lentement, à tout faire seul. Il ne veut déranger personne et, surtout, que personne ne le dérange. Il aime moyennement cette inquiétude soudaine. Il a bien envie de nous envoyer tous nous faire foutre, mais l'attachement qu'il porte au couple et la sincérité de leur démarche l'en empêche.

Lors de cette rencontre, le neveu et son épouse me posent beaucoup de questions.

– En quoi consiste votre travail ?

– Combien cela coûtera ?

– Notre oncle, si indépendant, aurait-il la possibilité de choisir quand et qui viendra chez lui ?

Je réponds :

– Pour que ça marche, il faut que votre oncle soit d'accord pour que nous organisions le passage d'une aide à domicile, c'est d'accord pour vous, Monsieur ? Combien ça coûte, tout dépendra de l'aide qui lui sera accordée par le département. Vous êtes imposable, Monsieur ? Les gens qui n'ont pas d'aide payent 18 € de l'heure[10]. Vous savez, une aide à domicile n'est pas la seule solution. Si c'est compliqué d'avoir quelqu'un chez vous, si vous n'en avez pas envie, vous pouvez faire autrement : il y a la livrai-

10. En 2010.

son de repas, par exemple. Lorsque l'assistante sociale viendra organiser tout ça avec vous, elle vous proposera peut-être d'autres choses encore. Moi, je peux vous aider à faire le dossier pour qu'elle vienne. Après, vous verrez ce qui est le mieux pour vous.

Ça, ça a dû rassurer l'oncle inquiet. Il a vu que je ne tenais pas particulièrement à lui coller quelqu'un dans les pattes. Je n'insiste pas pour lui vendre un truc dont il n'a pas besoin.

Une fois l'aide financière accordée, il est revenu me voir. Paris, merci! Qu'on ne me parle pas d'équité nationale: l'action sociale dépend des départements. Tout le monde n'a donc pas accès à la même solidarité. Vieillir à Paris, c'est une chance: télé-assistance, réseau gérontologique, pédicure, service de soins, transport, centre local d'information et de coordination, accueil de jour... Un milliard de choses existent et sont financées. Le soutien à domicile en milieu rural, c'est pas la même, pas sûr que j'aurais su faire. Sans compter que les aides à domicile passent autant de temps sur les routes qu'auprès des gens et tout ce temps, c'est du temps de travail. On comprend que ça coûte plus cher là-bas qu'ici.

On a ainsi mis en place quelques heures d'aide par semaine chez ce monsieur. Il était d'accord. Il a vu que ça rassurait tout le monde.

J'y suis allée sur la pointe des pieds. J'ai bien compris qu'il ne fallait pas l'envahir. J'ai demandé à Perfection de se rendre auprès de lui. Elle est tellement douce, il y a tellement de bienveillance en elle. Elle va savoir se faire une place dans le quotidien de ce vieux célibataire. Je ne sais pas d'où lui vient ce don. Une chose est sûre, c'est qu'elle le cultive. Elle a grandi en Haïti, comme la maman de Timothé. Le malheur, ce pays connaît. On a l'impression que Dieu a oublié cette partie du monde. Le paradoxe, c'est que les Haïtiens, eux, ne l'ont pas abandonnée. Comment conserver la foi quand tu viens de là-bas ? Pourtant, Perfection a Dieu dans le cœur. Elle se rend à l'église chaque dimanche et elle prie. Tout ce qu'elle apprend dans son église, elle le fait dans la vie. Si Dieu est au service des vieux Parisiens, moi, ça me va. J'imagine que la messe, ça doit être comme le feuilleton que je regardais petite avec Charles et Caroline Ingalls. Il doit y avoir un pasteur formidable, quelqu'un qui bosse plus pour l'humanité que pour les cieux. C'est vrai qu'une aide à domicile, ça en réalise des recommandations faites par Dieu. Prendre soin de l'autre, des autres, si ce n'est pas précisément le message de Jésus ?

Quand elle me dit ça, je suis un peu ennuyée. Dans notre règlement, on s'est tous engagés à faire preuve d'une stricte neutralité religieuse, zéro prosélytisme. Alors, compliqué quand elle m'explique que c'est le Christ qui la guide. Pour elle, ce job d'auxiliaire, c'est le commandement mis en pratique: « Aide ton prochain comme tu aimerais qu'on t'aide. » C'est le 11e , on lui a transmis oralement, plus de place sur les Tables de la Loi. Mon père me répète souvent la phrase de Jacques Brel: « Dieu, ce sont les hommes et un jour, ils le sauront. » Il n'a pas tort. Plus besoin du messie, ça serait déjà le paradis sur terre s'il n'y avait que des Perfection, peu importe qu'elles croient ou non.

Il y a très peu de juifs dans mon équipe, comme il y a très peu de juifs en France. C'est comme ça depuis toujours, je suis souvent la seule: à l'école, à la fac, dans mes autres jobs, dans mon cercle d'amis. Ça ne m'ennuie pas, ça fait aussi partie de ma singularité. Comme nous accompagnons de plus en plus de personnes victimes de la Shoah et que, dans ce cadre, nous bossons avec les institutions juives, je sers de trait d'union. J'explique, je décode. Je suis comme un pont. J'adore. Pourtant, je n'ai pas véritablement reçu d'éducation religieuse et pas sûr que ma perception du judaïsme cadrerait avec vos représentations. Mais ça fonctionne. Je n'ai pas peur des religions, je ne crois pas qu'elles soient la cause des maux que notre société traverse. J'ai rencontré des laïcs intégristes, intolérants, violents. Oui, je vous assure, les religions n'ont pas le monopole du fanatisme. Je pense que le problème, ce ne sont pas les religions, mais ce que les hommes en font. Et puis, « laïcité » n'est pas synonyme d'uniformité. Non, la laïcité, c'est le cadre nécessaire pour que chacun puisse rester soi tout en vivant avec tous. Du moins, j'aimerais que ça le soit.

Loin de me couper de notre société, ma judéité m'aide à comprendre ceux qui m'entourent, « l'autre différent et pourtant si proche de moi »[11] . Sur le sujet, Fouzia et moi sommes complètement raccord. Musulmane pratiquante vivant en France, elle a compris plus que les autres encore. Tenter de rester soi, sans déranger, s'intégrer sans s'oublier reste un exercice compliqué… Tout nous rassemble. Rosh Hashana, Noël, l'Aïd, Ramadan et le 14 Juillet rythment à présent nos années. C'est tellement bon ! Mon équipe est façonnée d'utopie et de générosité. La plupart des auxiliaires sont originaires d'Afrique du Nord ou d'Afrique noire. Musulmanes, juive, catholiques, athées, noires, blanches, maghrébines, toutes françaises ou presque, travaillent ensemble dans ce petit service pour tous les vieux Parisiens. « *Quand deux fleuves se rencontrent, ils n'en forment plus qu'un et par fusion nos cultures deviennent indistinctes, elles s'imbriquent et s'encastrent pour ne former qu'un bloc d'humanité…* »[12]

11. Gaël Faye, « Metis ».
12. Gaël Faye, « Metis ».

La solitude

Soizic, lors d'une de ses visites, a rencontré Madame Coulere, petite femme dont la seule préoccupation semble le temps. Des réveils et des horloges règnent en maître dans tout le logement. La plupart sont cassés, d'autre arrêtés, d'autres encore déréglés. Jack, avec sa mécanique du cœur, en serait mort depuis longtemps. N'est pas horloger qui veut ! Peut-être le fait-elle exprès, peut-être veut-elle juste les cliquetis des aiguilles sans mesurer réellement le temps qui passe ? Ou bien peut-être a-t-elle trop écouté Brel et maintenant qu'elle est vieille, elle veut faire la peau à l'horloge du salon ?

Cette dame demande l'heure comme on dit bonjour, suivi de : « J'ai l'impression que ma montre est déréglée ? » Pourtant, le vrai sujet, celui qui saute aux yeux de Soizic en tout cas, ce n'est pas cette histoire de montres et de réveils cassés. Non, ce qui prend une place dingue dans ce petit appartement, c'est le vide, le vide de gens, le vide de lien. Madame Quelle-heure-est-il est seule. « *Chez moi, il n'y a plus que moi, et pourtant, ça ne me fait pas peur. La radio, la télé sont là.* » La chanson de Nicoletta a été écrite pour elle, du moins ce passage. Pas de famille, pas d'amis, un mari mort depuis longtemps. Ah, ces hommes qui ne tiennent pas le choc ! Messieurs, ne nous claquez pas dans les doigts en bout de course. Si je n'étais pas déjà très amoureuse du père de mes enfants, j'en choisirais un autre plus jeune, bien plus en forme que moi, pour être certaine de mourir avant lui. Je ne veux pas être l'autre qui reste là. Jacques avait raison de le chanter, celui des deux qui reste se retrouve en enfer… Aussi, pour notre Robinson Crusoe du XIe, nous sommes le seul lien qui la rattache à la vie des autres êtres humains.

Petite ermite parisienne malgré elle, Madame Coulere avait soigneusement noté nos coordonnées : « 01.43.45.05.06, c'est bien ça, je ne me trompe pas ? » Elle possédait maintenant le numéro de quelqu'un ! Depuis, elle nous appelle tous les jours, peut-être pour s'assurer que même coupée du monde, lorsqu'elle s'adresse à lui, elle en est quand même comprise. Elle compose notre numéro comme elle composait celui de l'horloge parlante avant qu'elle ne rencontre Soizic. L'heure est prétexte, parce que le temps, elle n'en a que faire.

La nuit, le jour, les semaines, les mois, les saisons, ce qui rythme l'existence des vivants, quelle importance pour elle, au cimetière des réveils ?

– Allô, Mademoiselle Dafna, quelle heure est-il ?

– Madame Coulere ? Vous avez un souci ? Vous voulez que j'appelle les secours ?

– Non, non, j'ai l'impression que ma montre est encore détraquée ! Il est 16h, c'est bien ça ?

– Non, Madame Coulere, il est 4h du matin, il faut me laisser dormir, si tout va bien. On se rappelle demain matin ?

Eh oui : comme ça ne répondait pas sur la ligne habituelle et que le répondeur indiquait ce numéro en cas de problème, elle a appelé sur la ligne d'urgence…

Ah là, là, cette ligne d'urgence, un cauchemar ! Avec elle, c'est non-stop, pas possible de tenir la cadence. Dès que cela a été financièrement possible, je l'ai confiée à mon amie Sandrine. On a fait nos études ensemble, elle aussi a eu Monsieur Géraud comme prof. C'est du sûr. Elle avait besoin d'un revenu complémentaire : travailleur social, c'est pas cher payé, vous savez. C'est comme ça, on le savait qu'on bosserait pour la gloire.

Est-ce utile de dire que j'aime beaucoup Sandrine ? Je lui trouve plein de qualités. Elle est directe. Elle exprime sans détour ses désaccords, sans pour autant créer de situation conflictuelle. C'est un vrai talent.

J'aimerais être comme elle. Elle ne s'embarrasse pas d'amitiés inutiles si elles ne sont pas entières. Elle dit manquer déjà de temps pour ceux qui comptent vraiment. La culpabilité ne semble jamais l'habiter. Moi, elle me ronge et me paralyse sans que j'aie vraiment de choses à me reprocher. Alors, forcément, je l'envie pour ça aussi. Et puis, elle met du sens et de l'intelligence dans tout ce qu'elle entreprend. Elle a le sens pratique, elle comprend vite, s'adapte à tout. C'est mon amie, présente depuis notre première rencontre sur les bancs de la fac lors de chaque moment important. Ça commence à dater ! Voilà, elle aussi je l'ai embarquée dans cette aventure. C'est Tim qui est super content, parce que c'est autant mon amie que la sienne ! Ça, c'est le côté sympa d'être patron : on embauche qui on veut ! Toujours un peu risqué, mais quelle joie de bosser avec ceux qu'on aime.

Elle est contente, Madame Coulere, elle nous aime bien. Depuis que Soizic est venue la rencontrer chez elle (pourquoi, elle ne sait pas), il y a une jeune femme qui vient un jour sur deux pour l'accompagner faire ses courses, l'aider à tenir sa maison propre.

– Elle ne sait pas travailler, on voit qu'elle ne doit pas faire grand-chose chez elle. Je la forme et ça me fait un peu de compagnie… Alors je ne me plains pas !

Ça, c'est ce qu'elle nous raconte après qu'on lui a donné l'heure…

Soizic, je ne la connaissais pas avant de travailler avec elle. Amis et familles n'ont pas suffi à la croissance exponentielle de ce petit service, il m'a fallu m'adresser à Pôle emploi (ça ne s'appelait pas encore ainsi). J'ai eu une chance d'enfer sur ce coup-là. Elle m'a plu tout de suite. C'est un peu un rayon de soleil. Toute jeune, petite, menue, un sourire qui traverse son visage, les gens l'aiment immédiatement. Elle parle tranquillement, sa voix est douce. Lorsqu'elle a quelque chose à dire à une vieille dame, un vieux monsieur, elle s'approche tout près et pose sa main sur la leur. Un jour, quelqu'un lui a demandé si elle était une fée ! Ne pas être tout à fait dans notre réalité permet parfois de voir ce que nul autre ne voit.

Et voilà, on y est : il y a des fées dans mon équipe ! Je sais, c'est « too much ». Ce monde « enchanté peuplé de personnes merveilleuses, de bonne volonté », ça exaspère, d'autant que ça ne cadre pas avec la réalité. À croire que je vis moi aussi dans un monde parallèle, comme mes « pas toute leur tête » ! Je dégouline d'amour et de guimauve, de petits cœurs sur les i, de bonbons Haribo, de robes roses pleines de tulle, de paillettes, de gloss à la fraise, de princes charmants, de maisons en pain d'épice. Je suis un truc lisse, naïf, candide, niais. Même chez Disney, y a des méchants, et moi, je ne rencontrerais que des gens bienveillants ? J'aimerais que ça soit vrai. Parfois, j'arrive presque à m'en convaincre, mais je sais que c'est faux. Croyez-vous vraiment que durant cette vie je ne me sois pas encore piquée à la réalité ? Serait-il possible que je n'en aie pas rencontré, des déplorables, des lamentables, des minables ? Pensez-vous que l'on puisse vraiment échapper miraculeusement aux affreux, aux atroces, aux mauvais, aux terribles, aux connards ? Ici comme ailleurs, il y en a. Pire, j'en ai recruté : des menteuses, des tricheuses, des gratteuses, des haineuses, des connasses. Je me suis plantée, comme tout le monde ; je me suis blessé le cœur de m'être trompée ; mais le petit miracle, c'est qu'aucune d'elles n'est restée. Donc je ne partagerai ici que le bon, le beau. Les méchants de mon histoire, ce sont la maladie, la souffrance, la solitude, la douleur, la peine, et parfois la mort. Avec ça, il y déjà pas mal à faire. Disney n'a qu'à bien se tenir. C'est moi qui les tiens, les vrais méchants !

*

Jacqueline est en ligne avec Madame Cuisine – pardon, Mademoiselle Cuisine. Elle y tient ! Au début, c'est pas Madame qu'on l'appelait, mais Monsieur. Elle est le sosie de la voix de Jean-Pierre

Coffe. Comment imaginer que nous n'avions pas un homme en ligne ? Dur quand on se revendique « Mademoiselle » !

– Allô, bonjour, comment allez-vous ma petite ?

– Très bien, et vous Mademoiselle Cuisine ?

– Vous êtes malade ? Bon, faut vous soigner !

– Non mais je vais bien, je reviens de vacances.

– Si c'est la chiasse, une petite goutte de pastis, ça marche d'enfer ! Vous me remercierez ! Allez, au revoir, ma petite cocotte.

Lorsque Jacqueline l'a rencontrée, elle était un peu fragile mais pas encore malade. Dans son salon trône une photo d'elle enfant, tendant une gerbe de fleurs au général de Gaulle. Ça avait beaucoup impressionné Soizic. Évidemment, à ce moment-là, il n'y avait que des jolis mots dans sa bouche. Elle n'aurait jamais dit « chiasse » ; elle n'aurait même pas utilisé le mot « toilettes » : elle aurait parlé de « commodités ». Dame délicate, élégante et raffinée, il n'y a que sa voix qui ne cadrait pas. Mais aujourd'hui, son lobe frontal a fondu, plus aucun filtre. Alors on découvre une autre personne, tout aussi attachante mais déroutante, beaucoup plus raccord avec Jean-Pierre Coffe.

Elle a raccroché, mais nous savons tous qu'elle va rappeler pour poser SA question. La même depuis quelques semaines. Celle qui la préoccupe, celle qui revient sans cesse. Mademoiselle est restée Mademoiselle, aucun homme dans sa vie, toute sa vie, c'est long, c'est super long une vie sans sexe. Alors, la question c'est : « Il vous l'a mise, sa carotte, dans votre chou-fleur, votre bonhomme ? » La première fois, ça surprend…

C'est Soizic aussi qui a pris la suite quant à l'accompagnement de notre terrible Muppet. Sur ce coup-là, elle a demandé de l'aide à Marc Cohen, le gériatre le plus formidable de Paris. Il bosse pour une vieille association qui cachait des enfants juifs durant l'Occupation. Après la Libération, beaucoup d'entre eux étaient orphelins. Alors l'OSE (c'est son nom) monta des maisons d'enfants pour qu'ils ne grandissent pas seuls. Ces petits sont devenus adultes et le temps faisant, ils ont vieilli aussi. En outre, pour accompagner jusqu'au bout de leur vie ses vieux enfants, l'association dispose maintenant d'un centre de santé, d'un service social et… de deux accueils de jour. Aujourd'hui, l'OSE ne s'occupe pas uniquement des vieux Juifs ou des victimes de la Shoah, mais également de toute la population, peu importe religion ou l'histoire de chacun. Soizic s'est dit que pour notre Muppet, c'était peut-être pas mal l'accueil de jour. S'il passe toutes ses journées avec nous, c'est qu'en réalité, il s'ennuie, alors c'est peut-être la solution ? Il y a toute une équipe pluridisciplinaire qui accueille les gens fragiles ou malades. Les activités sont à visée thérapeutique, mais le moteur, c'est le plaisir. Super chouette comme formule !

Le préalable pour l'admission, c'est une consultation médicale. Le Dr Cohen fait un check-up santé, deux ou trois tests neurologiques et un petit bilan mémoire et confirme ce que nous pressentions : notre vieux monsieur n'est pas juste méchant, il a aussi de sacrés troubles cognitifs. En tout cas, lui est ravi de se rendre deux fois par semaine auprès de l'équipe de Paul, le directeur de l'accueil de jour. Pas sûr que ça sera le même enthousiasme pour les professionnels qui vont l'accueillir… Il va bien compliquer les choses : dès la première journée, il partira avec un parapluie qui n'est pas le sien, refusera de le rendre à sa propriétaire en larmes pour s'en servir comme gourdin. Il frappera avec tout ce qui bouge ! Tel Mario Bros sur les champignons, il assènera un coup sec sur la tête des gens qui s'approchent un peu trop. L'éclate ! Et puis il se délectera, telle Tatie Danielle, à blesser les cœurs, à faire de la peine à tous. Il aura pour chacun un mot méchant. Il appuiera toujours là où ça fait mal. Il est champion en la matière, hors compét', un véritable Orangina rouge. Mais l'équipe de Paul ne lâchera rien. Elle tentera tout avant de capituler et ça tiendra ce que ça tiendra.

Une histoire d'époque

Je suis en ligne avec Roger. Une histoire de dingue, Roger et moi. Je l'ai rencontré il y a quelques années, une visite à domicile parmi d'autres, lorsque j'en faisais encore.

Flore, 89 ans, vit dans un monde parallèle : coincée dans un fauteuil roulant, incapable d'en bouger. Son esprit est dans un tel état de confusion qu'elle ne semble pas souffrir de cette situation. Elle prend « ses rêveries pour la réalité » ; aussi n'est-elle pas enfermée dans un corps malade aux membres désobéissants. « Inutile de m'envoyer quelqu'un, je ne suis jamais chez moi », m'avait-elle dit. Heureusement, son beau-frère est là. Il m'explique : « Une chance pour elle, la fiction a pris le pas sur le réel. Le monde dans lequel elle se croit est bien plus sympa que le vrai. » À 90 ans, Roger lui a promis qu'il l'aiderait à rester chez elle, qu'elle ne quitterait pas son appartement parisien pour une maison de retraite. Une promesse faite lorsque Flore était un peu plus dans notre espace spacio-temporel, mais peu importe, tel le Petit Prince de Saint-Exupéry, Roger ne revient jamais sur une parole donnée. Lourde promesse, mais il a mis en place une succession de passages : amis, infirmier, nous... De sorte qu'elle ne reste jamais trop longtemps seule dans la journée. Elle est tout ce qui lui reste de famille, elle et un neveu qui n'est pas le fils de Flore. Lorsqu'elle s'éteindra, il ne lui restera plus rien de la rose qu'il a aimée cinquante ans durant : la sœur de Flore, Sarah. Elle et lui n'ont pas eu d'enfant. Partie il y a déjà dix-sept ans, le travail avait été pour lui le seul moyen de surmonter sa douleur et la solitude.

Une chance pour ceux qu'il rencontre, il aime aider, Roger. Il aide Flore mais pas que : il aide d'autres qu'il croise et qui l'émeuvent. Alors, bientôt, les autres, c'est aussi moi. Pourtant, moi, ça va, je n'ai besoin de rien. J'ai beau lui dire, rien à faire. Il est comme ça, Roger !

Lors de cette première rencontre, il s'était arrêté sur mon nom de famille :

– Mouchenik ? Vous connaissez Pierre Mouchenik ?

– Pierre Mouchenik était mon grand-père, mais il est mort bien avant ma naissance, je ne l'ai pas connu.

Roger, alias le jaguar[13], l'avait connu. Visiblement ému, il m'expliqua qu'il avait été comme lui résis-

13. Son nom de résistant.

tant de l'Organisation juive de la 6e pendant l'Occupation. Leur job consistait à fabriquer et à procurer de faux papiers aux Juifs de France, les cacher, les nourrir aussi avec des bons alimentaires. Il s'agissait de sauver le plus de gens possible. À 18 ans, ça leur a paru normal, mais qu'est-ce qui était normal en 1942 ?

J'étais Mouchenik, Roger me connaissait donc, peu importe que cela fut à deux générations près. Il m'adopta immédiatement, moi qui ne manquais pourtant pas d'une famille. Impossible de garder ce Monsieur à une distance affective raisonnable. Il se fit vite une place dans mon cœur, dans mon quotidien et, plus tard, au milieu des miens. Un vieux Monsieur en forme, ça fait du bien !

Roger connaît tout le monde. Il est chez lui partout, curieux de tout et à l'affût de tous les changements. Il faut rester dans le coup, pas pour faire jeune mais pour rester dans la vie, dans la même vie que nous. Sans quoi et sans qu'on s'en aperçoive, on est débarqué à une gare du temps passé.

On se fait tous larguer à un moment donné, et ça n'arrive pas qu'aux vieux. C'est perfide, sournois. Un nouveau truc arrive : on l'identifie comme un gadget, du superflu, quelque chose qui semble inutile, qui va passer, et c'est la vie qui continue sans nous et que nous ne comprenons plus.

Sans s'en rendre compte, il y a un moment où, dans nos maisons, le temps s'arrête. On n'y intègre plus les changements : pourquoi prendre un lecteur CD alors qu'on a un tourne-disque ? Pourquoi s'équiper d'un téléphone portable lorsqu'on a un fixe ? Pourquoi prendre un lave-vaisselle pour quatre assiettes ? Pourquoi un micro-ondes, lorsqu'on a des plaques ? Pourquoi s'abonner à internet lorsqu'on n'a pas d'ordinateur ? Et un ordinateur, pour quoi faire ? Petit à petit, notre monde devient sépia.

Nos vieux d'aujourd'hui sont propulsés à la force de la lumière dans un monde supersonique. Mais pour Roger, pas question de se faire distancer. Il a soif de nous, de ce monde et pour ne pas vivre en noir et blanc, il s'est équipé d'un iPhone. Mieux encore, il a un ordi, une adresse mail, internet et, cerise sur la techno, il est sur les réseaux sociaux ! Il ne loupe pas une occasion d'être connecté à la vie d'aujourd'hui. En plus, les oreilles de Roger ont décidé de ne plus faire leur boulot. C'est un truc terrible pour lui, plus encore que pour quiconque. Ça le coupe des autres. Il s'est pourtant équipé d'appareils auditifs, mais ils amplifient le bruit qui couvre déjà les voix. Alors pour lui, SMS, mails, statuts sur les murs Facebook… Tout ce qui se lit, c'est super ! Parfois, j'ai l'impression d'être plus larguée que lui. Moi, c'est sûr, je vais me faire distancer fissa par la modernité. Tous les chanteurs que j'écoute sont déjà morts, c'est un signe ! Peut-être suis-je arrêtée, peut-être suis-je à quai sans le savoir. Je sais déjà que je ne serai pas un Roger, qu'un jour, la nostalgie, le trop-plein de vitesse, le sentiment de plus rien comprendre au monde et de ne plus rien en vouloir m'habiteront alors, pour moi, Roger est une énigme.

– Dafna, tu m'écoutes ?

– Oui, oui, Roger, je suis là.

Je suis distraite par ce que raconte Eve. Elle aussi est en ligne. Le fils de Madame Rire l'a rappelée au sujet de l'assiette cassée de sa mère. C'est souvent maintenant qu'on nous fait les poches. Un truc que je n'avais pas vu venir. Quelques-uns n'hésitent pas à accabler l'aide à domicile de toutes les maladresses pour se voir équiper à neuf de meubles et d'électroménager via notre assurance. Dans le cas présent, il semblerait que ce soit davantage pour renflouer un peu le compte en banque. « Une assiette décorative, Madame, en porcelaine, irremplaçable et d'une grande valeur ! Comment comptez-vous rembourser ma mère ? » Eve commence à être entraînée maintenant. Elle ne lâchera rien sans être certaine de deux choses : qui a cassé et combien ça coûte réellement ! Elle a appris à être coriace.

À quelques mètres de mon bureau, Fouzia est en ligne : « Mais non, ce n'est pas un bandit, c'est votre aide à domicile, il faut la laisser entrer. Mais non, ce n'est pas tous les jours une nouvelle personne, elle était déjà là hier, vous la connaissez déjà, ça fait plus d'un an qu'elle vient chaque jour chez vous. » Voilà dix minutes qu'elle tente de rassurer Madame Sinon. La pauvre, elle ne reconnaît jamais celle qui vient tous les jours chez elle. Elle finit par la laisser entrer. Petite victoire ! Fouzia, quand je vous disais qu'elle était formidable. « *Elle a ce tout petit supplément d'âme, cet indéfinissable charme, cette petite flamme...* »[14]

– Roger, faut que je te laisse, ici c'est la folie, le téléphone n'arrête pas de sonner et tout le monde est déjà en ligne, je te rappelle.

Les locaux sont devenus minuscules. Il faut trouver plus grand, on se partage les bureaux. On est les uns sur les autres, ce n'est plus tenable. Je raccroche pour décrocher à nouveau.

– Bonjour, que puis-je faire pour vous ?

– Agent Lourant du commissariat du XVIIIe à l'appareil : une Madame Sinon nous a appelés pour nous informer qu'elle était en train de se faire cambrioler. Nous sommes sur place. Il y a bien une personne chez elle qu'elle ne semble pas connaître. Cette personne dit être son aide à domicile, une certaine Lili. Elle soutient qu'elle n'a rien volé ; elle jetait les produits périmés du réfrigérateur. Elle dit qu'elle fait

---

14. France Gall, « Ella, elle l'a ».

partie de votre établissement, pouvez-vous nous le confirmer ?

– Oui, Monsieur l'agent, c'est bien l'aide à domicile, elle travaille bien pour nous…

Et au milieu de tout ça : « Les Arabes, je les aime vraiment pas. Vous savez, je les connais bien. C'est tous des voleurs ! Et ce n'est pas parce que je suis moi-même arabe que je vais les défendre ! » Pas de chance, c'est sur Fouzia que la communication tombe. Forcément, ça lui fait de la peine ! Des préjugés terribles qui s'ancrent même dans la tête de ceux qui en sont victimes, il faut le faire !

Dans un autre style, je reçois une aide à domicile qui me demande d'arrêter de l'envoyer chez des Juifs : « Vous comprenez, Dafna, ils sont pas comme nous ces gens ! » D'accord, c'est pas gagné, mais comme j'ai foi en l'humanité, je vais prendre le temps de comprendre qui sont les gens chez qui elle ne veut plus aller et pourquoi. Il y a sûrement une explication plus rationnelle que « ils sont juifs ». Elle en convient. Petit pas : on ne détricote pas comme ça des décennies de préjugés !

Je crois que nous aussi nous avons basculé dans un monde parallèle. Dommage qu'on manque de temps, ça vaudrait le coup de s'arrêter pour en rire. Comme on a fait le choix d'être des éternels optimistes, on ne peut pas en pleurer.

Quand la maladie vous touche sans être vieux

« J'ai tout essayé, j'ai fait semblant de croire,
je reviens fatiguée et c'est le désespoir »
Barbara, « Soleil noir »

Nous sommes dans la salle d'attente du commissariat du XIIIe. On nous a demandé de patienter, nous serons reçues dans quelques minutes.

Tôt ce matin, avant même que nos bureaux soient ouverts, Nini m'a appelée sur la ligne d'urgence la voix nouée de stress. Il y a eu un incendie, l'appartement de Madame Bilan a pris feu dans la soirée ou dans la nuit, elle ne sait pas trop. Après l'avoir quittée en tout cas… La dame aurait été transportée à l'hôpital, elle n'en sait pas plus. Comme il n'avait pas son numéro pour la prévenir, le gardien de l'immeuble l'attendait ce matin. « Une enquête est en cours, il faut que vous vous rendiez au commissariat. Ils vous attendent. »

Je comprends l'angoisse et la panique de l'aide à domicile. C'est elle la dernière personne à s'être rendue auprès de Madame Bilan. Je l'accompagne pour qu'elle ne soit pas seule. Au fond, c'est moi qui lui ai confié cette dame. Alors, nous sommes là toutes les deux, blêmes, sages et patientes.

Madame Bilan n'est pas vieille, cinquante ans tout au plus. Elle vit seule dans son appartement. Une sclérose en plaques paralyse la quasi totalité de ses membres. Elle peut encore bouger un peu l'un de ses bras. Elle s'en sert pour de petites choses de manière imprécise, approximative... Au gré de l'évolution de la maladie, Nini est devenue les bras et les jambes de sa protégée. Elle la lève le matin, lui prépare petit déjeuner, déjeuner et dîner. Elle lui donne la becquée lorsque son bras fatigué ne veut plus lui obéir, range un peu la maison, fait les courses aussi. Des gestes si naturels qu'on n'imagine pas ne plus pouvoir les faire seul et dépendre d'une autre pour les réaliser.

La question tourne en boucle dans ma tête: « Sommes-nous pour quelque chose dans cet incendie ? » Peut-être l'aide à domicile a-t-elle oublié d'éteindre la plaque électrique, ou bien encore, sans qu'elle s'en rende compte, a-t-elle renversé une lampe sur le sol ? J'imagine mille façons accidentelles de mettre le feu malgré soi. Le cauchemar qui m'habite depuis le début de cette histoire se rappelle à moi. Je fais la une de tous les médias (rien que ça) : « *Un service d'aide à domicile responsable de la mort d'une personne handicapée par sa négligence, son incompétence* ». À croire que c'est mieux de montrer le moche, le médiocre, le minable, le cruel. Ça indigne les spectateurs, ça les fait se sentir grands. On se croit plein d'humanité, d'empathie : pas qu'on en ait beaucoup, mais toujours davantage que les horribles personnes qu'on nous montre à la télé... C'est dommage, il y aurait tellement de beau à montrer.

Dans cette salle d'attente, je suis comme tétanisée. Pourquoi me suis-je embarquée dans pareille galère ? J'étais pourtant bien tranquille avant tout ça ! J'aimais mon boulot, j'avais des horaires fixes, un salaire qui tombait quelles que soient mes compétences ou ma productivité. Pourquoi ai-je décidé toute seule un matin de devenir patron ? Aujourd'hui, tout est risque. Ce n'est pas la première fois que j'attends dans la salle d'attente d'un commissariat : là, c'est parce que Madame Mélimélo pense que son aide à domicile lui a volé ses bijoux ; ici, c'est le tuteur de Madame Classeur qui nous accuse d'avoir détourné l'argent destiné aux courses de sa protégée. Ça arrive souvent. Au début, ça m'a fait très peur ; puis j'ai compris que la suspicion était indissociable de ce secteur, qu'il fallait simplement coopérer, montrer patte blanche, expliquer... Quand ce n'est pas dans un commissariat, c'est dans mon bureau : une famille en colère, une salariée menaçante. Personne n'y va de main morte : « Vous, dans votre bureau, vous en avez rien à foutre, ce qui compte, c'est de vous remplir les poches ! » ou encore « Ça vous fait quoi d'être un négrier ? Mais ici, on est en France, vous n'avez pas le droit, je vais vous rappeler la loi ! » Souvent, mon apparente fragilité permet ce genre de comportement. On crie, on menace. La petite, on va en faire qu'une bouchée ! Je tiens bon. Chaque mot me blesse comme un coup, mais je comprends que mon boulot, c'est essentiellement ça : tenter de désamorcer lorsque c'est l'expression d'une douleur ; expliquer quand on ne s'est pas compris et, parfois, signifier que les limites ont été atteintes, qu'on va s'arrêter là.

Bien sûr, une erreur de casting et l'aide à domicile envoyée peut provoquer un cataclysme. Sans compter que les injonctions contradictoires de ce secteur règnent en maître. Tout en apparence peut être perçu pour de la négligence. Là, une infirmière peut appeler, indignée : une vieille dame est hospitalisée pour dénutrition alors que nous passons précisément deux fois par jour, tous les jours, pour veiller à ce qu'elle s'alimente correctement, comment est-ce possible ? Ici, l'appartement est dégueulasse alors que nous avions pour mission d'assurer l'entretien du domicile ; là encore, il n'y a eu personne depuis trois jours et la dame est restée seule, « seule, Madame ! Vous vous rendez compte ? Si elle était morte, vous l'auriez eue sur la conscience ! » À cela s'ajoute la perception réductrice et le déficit d'image dont souffrent nos métiers. Bref, je me fais déchirer du matin au soir. Mais pourquoi me suis-je infligé ça ?

Nous avons été reçues par un policier. Il ne nous a pas gardées longtemps. Après quoi, j'ai proposé à Nini de rentrer chez elle. Elle n'était pas en état de travailler, trop choquée par ce qui nous avait été annoncé. Je me suis rendue au bureau où toute l'équipe m'attendait. Fouzia ne cachait pas son inquiétude. Elle est comme ça Fouzia, elle a toujours peur pour moi. Peut-être sait-elle ce que je ne sais pas encore : mon apparente fragilité n'est peut-être pas juste apparente ?

Lorsque le policier nous a fait rentrer dans son bureau, il savait déjà que l'aide à domicile n'était pour rien dans l'incendie. Il nous a posé quelques questions : qui étions-nous, ce que nous faisions pour la dame... avant de nous annoncer le décès de Madame Bilan. La mort, contrariée de ne pouvoir faire équipe avec la sclérose (on ne meurt pas de cette saloperie), la guettait depuis longtemps, attendant le bon moment pour s'inviter dans le jeu sadique de cette maladie évolutive. Et cette nuit-là, l'occasion s'est présentée.

Comme chaque nuit, addiction et insomnie tenaient Madame Bilan éveillée. Malgré les mises en garde de tous, elle persistait à fumer lorsqu'elle était seule. Sauf que cette nuit-là, la cigarette une fois allumée est tombée, se nichant au milieu des draps. Madame Bilan, qui portait en permanence son téléphone portable autour du cou, est parvenue à alerter les pompiers mais pas à éteindre le feu qui prenait au milieu du lit. C'est fou quand même ! Sa main avait obéi quand il avait fallu appuyer sur la touche 1 et 8, mais pas pour ramasser la cigarette. Cet appel avait très certainement sauvé la vie des habitants de l'immeuble. À cette heure avancée de la nuit, la plupart étaient depuis longtemps dans un profond sommeil. Furieuse d'avoir manqué de peu le coup de l'année, la mort ne l'a pas loupée. Madame Bilan s'était vue brûler vive. Quand on dit que le tabac tue… Me voilà de nouveau cynique…

« *Je veux bien essayer, Et je veux bien y croire, Mais je suis fatiguée, Et le soleil est noir, Pardon de vous le dire, Mais je reviens ce soir, Le cœur égratigné, Et c'est le désespoir, Le cœur égratigné, Et c'est le désespoir…* »[15]

---

15. Barbara, « Soleil noir ».

Sans-papiers

– Doris, je vais essayer de vous guider, ne vous découragez pas. La dame vous attend. Elle a vraiment besoin de votre aide.

35 mn que l'aide à domicile est perdue et que Tim (saint Tim !) tente de l'aider à trouver son chemin. GPS, voilà une fonction que je n'ai pas mentionnée dans le contrat de travail de Tim.

– Doris, Doris ? Vous êtes où là ? Il faut me donner un nom de rue, avec si possible un numéro, comme ça je vous dis si vous êtes encore loin.

Il est prêt Tim, il a grandi devant la télé, ne loupant jamais la diffusion de « La chasse au trésor ». Là, il n'a pas d'hélico, mais Google Maps ouvert, il va la conduire à bon port. Il lui a confié un remplacement. Il savait que ce n'était pas une bonne idée. Cette auxiliaire de vie rondouillarde aux yeux bleus et aux joues roses a des airs de poupée russe. Elle s'occupe relativement bien des gens qu'elle connaît déjà mais tout changement, toute nouvelle personne confiée est source de complication infinie pour elle, et donc pour nous aussi. En plus, elle n'a jamais mis les pieds dans le XIIIe arrondissement.

Mais cette fois, pas le choix, personne d'autre n'est disponible et la dame insiste pour avoir quelqu'un. Téléphone à l'oreille, Doris scrute le haut des murs.

– Euh, là, Timothé, je ne vois aucun nom de rue. Peut-être qu'ici les rues n'en n'ont pas…

Lorsqu'elle parle, son nez bloque l'air, de sorte que tout le son sort uniquement de sa bouche. Sa voix nasillarde est reconnaissable entre mille. Elle poursuit :

– Pas sûr qu'on soit vraiment en France Timothé, ici y a que des Chinois ou je ne sais quoi, impossible de demander mon chemin… on n'est pas chez nous.

Elle dit ça sérieusement, sans ironie ; elle croit qu'elle est en Chine, Doris ! Elle a changé de pays rien qu'en prenant le métro parisien.

– Ne parlez pas si fort, Doris, vous allez vous attirer des ennuis…

Comme un coach, mesurant la difficulté de la tâche qui est la sienne, Tim ne lâche rien.

– Bon, OK, Doris, écoutez-moi ! Doris, on reste concentrés ! On va y arriver ensemble ! Sans nom de rue, je ne peux pas vous aider. Demandez à quelqu'un, n'importe qui, où vous vous trouvez.

– Timothé, je vous dis qu'il n'y a que des Chinois, personne ne parle français ici.

Oh là là, mon pauvre Timothé, comment vas-tu t'en sortir ?

– OK, Doris, ouvrez les yeux, observez ! Est-ce que vous voyez d'autres gens ?

Visiblement, il a renoncé à la contredire. Tim lui expliquera plus tard la gravité de ses propos. Il ne doit pas se disperser, sans quoi il ne parviendra pas à la mener à bon port.

– Y a un Noir en costume devant un magasin, il doit parler français…

– Oui, c'est bien ça, Doris ! Un Noir, ça peut parler français, tentez votre chance.

Je suis soudain distraite de mes propres tâches : « Dafna, on a un souci. Je crois que Milena, ce n'est pas Milena. »

Sophie vient de prendre le temps de ranger, trier les papiers qui jonchaient son bureau. Tout doucement, elle se familiarise avec le poste qu'occupe Caroline. C'est vrai que Caro est super : créative avec mille idées à la minute, pleine de vie, d'énergie mais pas la championne du classement ! La paperasse, c'est pas son truc (on a ça en commun toutes les deux). Sauf que ça fait partie du job. Mais comment aurait-elle pu deviner ce qui se tramait ?

Sophie, elle est carrée, organisée, rigoureuse, consciencieuse. Finalement, à elles deux, elles forment la meilleure des équipes. Dès qu'elle a un moment, elle essaie de mettre un peu d'ordre parce que là, elle ne retrouve rien. (Allez, courage Sophie, dans quelques années, on passera au zéro papier.)

En classant la pièce d'identité de Milena, elle n'y a pas reconnu notre Milena. Celle qui bosse avec nous depuis 9 mois déjà... Elle me la montre, elle hésite. Je regarde. Non, pas de doute : ce n'est pas elle. Mais qui est Milena ?

J'ai un flash. Nous avions été convoquées toutes les deux au commissariat pour je ne sais plus quelle raison et elle était venue sans son titre de séjour. Milena est camerounaise. « Vous êtes convoquée au commissariat et vous venez sans vos papiers ? » J'avais mis ça sur le compte du stress : jamais une partie de plaisir de se rendre au commissariat pour avoir à se justifier d'une accusation quelconque pour des faits dont on ne s'est pas rendu coupable. Elle était livide, mais sa peur ne résidait pas là : des papiers, elle n'en avait pas ! Alors, pour elle, se rendre dans un commissariat, c'était se jeter dans la gueule du loup ! Par chance, le fait que j'atteste qu'elle était celle qu'elle prétendait être avait suffi (je croyais vraiment qu'elle était Milena) et l'audition eut lieu. Elle fut mise hors de cause et l'histoire s'était arrêtée là.

Mais c'est quoi, cette découverte de dingue ? Le reste de l'après-midi, à ma demande, Sophie creuse, épluche chaque dossier de salarié. Ça lui prend du temps parce qu'elles sont nombreuses maintenant. Mais elle est tenace.

La nouvelle tombe, un coup de massue : elles sont quelques-unes à ne pas être qui elles prétendent être. On n'a pas vu, on ne s'est même pas imaginé qu'on pouvait embaucher quelqu'un sous une fausse identité. On s'est fait blouser et ça fait un petit moment que ça dure.

Pendant ce temps, grâce au vigile, Doris a pu communiquer le nom de la rue à Timothé. Il est parvenu à la guider à la bonne adresse – certainement l'une de ses plus grandes victoires ! Arrivée chez la dame avec plus d'une heure de retard, Doris, oubliant qu'elle est toujours en ligne avec Timothé, s'esclaffe : « Bonjour, je me suis perdue, c'est à cause du bureau, ils m'ont indiqué le chemin n'importe comment ! » Heureuse de retrouver une vieille dame aux traits européens, elle juge bon de rajouter : « Mais c'est quoi votre quartier, vous êtes la seule française de l'arrondissement ? Tous ces chinois qui parlent pas notre langue, dans notre pays, on n'est pas chez nous ! » C'est le moment que choisit le mari de la dame pour la rejoindre dans le salon. Visiblement, un monsieur asiatique qui lui demande dans un français impeccable de sortir tout de suite de chez lui et de ne jamais y revenir. Tim, encore à l'autre bout du fil, suit le moment en live, dépité. Tout ce mal et tout ce temps pour ça...

Parfait enchaînement des événements, heureuse coïncidence, Milena passe en coup de vent nous déposer les clés de Madame Rolnik. Elle vient d'y assurer un remplacement, ça n'a pas été simple. La dame est de plus en plus irascible, une espèce de parallèle semble se créer : plus elle a besoin d'aide, moins elle supporte les gens que lui envoie Fouzia.

Je m'isole avec Milena pour pouvoir lui parler. Je l'aime bien, je voudrais comprendre.

– Milena, qui êtes-vous ?

Je lui montre la photocopie de la pièce d'identité. Elle me regarde avec des yeux tout ronds. Panique, petit bafouillage, et puis... elle me raconte.

– J'avais tellement peur que vous me démasquiez que j'en suis presque soulagée ! Je suis arrivée en France avec un visa de touriste. La situation au Cameroun est très difficile, vous savez. Venir ici, c'est l'espoir d'une vie meilleure pour moi, mais pour ceux qui sont restés là-bas aussi. On aide beaucoup nos familles.

Sur place, des « compatriotes » en situation régulière fournissent leurs propres papiers :

– Carte de séjour, carte vitale, rib, justificatif de domicile, bref, tout ce que vous m'avez demandé pour établir mon contrat de travail.

Son salaire est viré sur le vrai compte d'une Milena que je ne connais pas.

– Elle a une ou deux fausses Milena qui travaillent pour elle.

Et là, je réalise que cotisations, retraite, sécu… profitent à une autre et qu'en plus, elle ponctionne une partie du salaire avant de remettre à celle qui travaille vraiment quelques miettes en liquide. Je suis sidérée. Lorsque je rencontrerai les autres « fausses » de mon équipe, elles me raconteront la même histoire.

– Il faut prévenir les autorités, elle profite de la précarité de votre situation, c'est terrible !

– Non, Dafna, ne faites pas ça, je serais expulsée !

Objectivement, pas sûr qu'elle ne prenne pas plus cher que son esclavagiste.

Très peu de temps après avoir fait sa connaissance, Sébastien nous avait demandé, à Tim et à moi, si nous pouvions dormir dans une église occupée par une vingtaine de sans-papiers. Nous avions pour mission d'alerter s'ils se faisaient arrêter pendant la nuit. Avec le recul, je ne sais pas si ces hommes avaient raison d'exercer pareille pression, mais je me réjouis d'avoir été cette jeune femme-là. La jeunesse doit porter un idéal solidaire et juste : « *Ce monde a besoin d'espoir, faut y croire pour le voir.* »[16]

Juive de France, l'exil m'est familier même si je n'ai jamais eu à la quitter. Les miens ont fui, depuis des siècles, les différentes patries qu'ils prenaient pour la leur afin d'échapper à la misère, aux inégalités et aux persécutions. L'espoir de trouver une vie meilleure ailleurs résonnait en moi et il ne m'était pas difficile de comprendre ce qui avait poussé ces femmes à venir dans notre pays. Quelle autre solution que d'endosser une autre identité lorsque sous son nom, on n'a pas le droit de travailler ?

Alors, pour chacune d'entre elles, Sophie monte le dossier qui va bien auprès « de la main-d'œuvre étrangère ». On travaille avec elles depuis quelque temps, je ne me sens pas de les dégager même si je n'ai pas le droit de faire bosser des sans-papiers. Leurs problèmes, ce sont aussi les miens maintenant. Ça prend un peu de temps, ça a coûté à la boîte de l'argent, mais Milena n'est plus Milena ; elle est redevenue qui elle était avant de quitter le Cameroun. Les autres « fausses » aussi. Depuis, on est tous très vigilants. Pas question pour nous d'embaucher volontairement des salariés qui ne seraient pas qui ils prétendent être.

16. Grand Corps Malade, « Inch'allah ».

Mal de vivre

« Et puis un matin, au réveil, c'est presque rien,
Mais c'est là, ça vous ensommeille, au creux des reins… »
Barbara, « Le mal de vivre »

Moi, évidemment, je n'ai pas vu qu'il allait moins bien. Non, c'est Perfection qui a senti sans vraiment comprendre. Les aides à domicile sont les yeux de leur service. C'est leur vigilance qui permet d'être dans l'anticipation, la prévention.

Elle le trouvait plus fatigué que d'habitude. Elle ne voulait pas qu'il passe le week-end seul. Elle a prévenu le neveu. J'ai proposé d'envoyer quelqu'un et j'ai dit qu'on pouvait nous joindre sur la ligne d'urgence si besoin, mais rien à faire. Il n'a voulu entendre parler de rien. « Vous me foutez la paix le week-end sinon, je vous préviens, j'ouvre plus ma porte la semaine. Ça va, oui ! ». Le neveu a donc fait la route jusqu'à Paris. Une fois sur place, il nous appellerait si besoin.

Aucun appel durant le week-end.

Lorsque Perfection est arrivée chez l'oncle des provinciaux le lundi, il n'a pas répondu à la porte. Elle avait ses clés ; elle est entrée.

« Dafna, il est tout bleu, il fait un malaise, j'ai appelé les pompiers. » Je l'ai rejointe pour qu'elle ne soit pas seule. Le monsieur était mort depuis longtemps. Perfection avait refusé l'évidence lors de son appel mais à mon arrivée, le corps était raide et froid.

Il avait décidé que ce serait la fin du chemin. Il avait pris soin de vider et de débrancher son frigo. Ses papiers étaient en évidence sur la table de la cuisine, lui allongé dans son lit. Perfection était furieuse contre moi. Elle me répétait : « Je vous l'avais dit, pourquoi n'avez-vous rien fait ? » Elle était trop malheureuse pour entendre que l'on ne peut aider que les personnes qui le veulent bien. Les pompiers arrivèrent très peu de temps après moi.

« *Ils ont beau vouloir nous comprendre Ceux qui nous viennent les mains nues, Nous ne voulons plus les entendre On ne peut pas, on n'en peut plus. Et tous seuls dans le silence D'une nuit qui n'en finit plus Voilà que soudain on y pense A ceux qui n'en sont pas revenus, Le mal de vivre…* »

Le vieil homme avait décidé que ç'en était assez. Rien de ce que nous n'avions pu faire n'avait rendu goût et saveur à sa vie. Plus tard, je rencontrerai Vincent. Lui, c'est précisément ça, son boulot. Pas de remettre goût et saveur dans la vie des vieux Parisiens (il est balaise, mais c'est pas dieu non plus) ; non, son job, c'est d'envisager avec « les tous seuls dans le silence de Barbara » une autre alternative aux « larmes aux paupières au jour qui meurt, au jour qui vient ». Il est psy dans LE centre de prévention du suicide à Paris. Ça demande un certain nombre de préalables. Repérer les personnes qui vont mal, rien que ça, accroche-toi ! (C'est notamment notre partie à nous, et à tous ceux qui se rendent au domicile des anonymes.) Ensuite, faire en sorte que les conditions de confiance et d'écoute soient suffisantes pour que la parole se libère. Pour ça, Vincent est formidable. J'adore bosser avec lui. Il est humble, il sait que son intervention n'aura qu'une petite portée et que c'est le travail conjugué de chacun qui fonctionne. Il n'est jamais dans le jugement. C'est même tout le contraire, et ça fait du bien.

C'est mal foutu, cette histoire de suicide. Lorsqu'on ne veut pas mourir, on n'est pas toujours certain de rester en vie (trop de paramètres qu'on ne maîtrise pas), même si on fait très attention à tout. Et quand on a décidé de se donner la mort, ça fonctionne globalement assez bien, Vincent ou pas… Non, Vincent, il peut aider les indécis, les hésitants. Les convaincus comme l'oncle des neveux de province, aucune chance de les sauver. Je raconte ça parce que ça ne sera pas notre seul suicidé. Il y aura les défenestrés, ceux qui se jettent sous le métro… Chaque fois, on sera bien secoués et on aura rien vu venir.

Le jour où nous avons trouvé ce monsieur mort chez lui, j'ai appris qu'un décès à domicile entraîne obligatoirement une enquête de police. Ça a été une première pour moi, et pas la dernière… Le commissariat fut donc prévenu. Les pompiers partirent au moment où les policiers arrivaient. Ils nous posèrent quelques questions. Les voisins, alertés par les allées et venues des uns et des autres, vinrent aux nouvelles. Le vieil homme vivait depuis longtemps dans l'immeuble. Une jolie solidarité s'était mise en place entre eux et lui, un réel attachement aussi. Mais ce week-end-là, personne n'est passé. Alors la culpabilité s'est transformée en colère lorsque les voisins comprirent qui j'étais. « Comment avez-vous pu laisser ce vieux monsieur souffrant, seul chez lui ! Vous n'avez donc pas de cœur ? » Je n'étais pas encore complètement à terre, mais avec ça, j'étais bien rétamée. Pourtant, pas le moment de flancher, il y avait encore du lourd, du difficile à venir.

Ce jour-là, c'est la première fois que je dois annoncer à des aimants la mort de leur proche. Ça, je ne l'ai pas appris à la fac, il m'a fallu improviser. Je ne sais pas ce qui m'a fait le plus de peine : la mort de l'oncle ou la douleur des neveux. Plus tard, avec la pratique, je saurai mieux dire l'irréversible.

Ils se sont mis en route. Si la circulation est bonne, ils seront là en début d'après-midi. Et comme tout ça n'est pas assez difficile, je suis restée seule dans l'appartement pour ouvrir au médecin légiste : consigne de la police. J'ai dit à Perfection de rentrer chez elle et j'ai attendu. Et vous savez quoi ? Il n'est jamais venu. J'ai passé deux heures seule avec un oncle mort qui n'était pas le mien. C'est long, deux heures avec un mort. J'ai eu le temps de retourner le truc dans tous les sens, de questionner le monsieur. Tant qu'à faire, on était tous les deux après tout. « J'ai loupé un truc ? J'aurais pu vous faire changer d'avis, contrarier vos plans ? »

Finalement, on était trois dans l'appartement. Lui, moi et le doute. En vérité, ceux qui ne veulent pas se louper ne parlent pas du rendez-vous qu'ils se sont fixé avec la mort. Mais qu'est-ce qu'il fout ce médecin ? Je sais bien qu'il n'y a plus d'urgence maintenant, mais c'est moi qui vais finir pas me pendre si on ne m'autorise pas très vite à partir.

– Ah oui, on a oublié de vous prévenir, le médecin ne viendra pas, il n'est pas là. On a demandé à des médecins de ville de constater le décès mais ils ne veulent pas se déplacer, pas sûrs d'être payés.

– Mais moi je paye qui vous voulez, pour être libérée !

Un médecin a enfin accepté de venir. Je l'ai réglé et je suis partie.

« À CV égal, choisis le moins chanceux ! »

« Passe, passera, la dernière la dernière,
passe passera la dernière restera… »

« Et votre hirondelle, elle est passée, et elle nous a volé bien plus que trois petits sacs de blé ! » Je raccroche avec Monsieur Loup. L'alliance et la chaîne de son épouse ont disparu. Tout était encore sur la table de chevet avant le passage de l'aide à domicile, il en est certain. Le souci, c'est qu'il n'est pas le premier à me signaler que des choses disparaissent lorsque cette même hirondelle intervient…

Le vol, c'est un vrai sujet à domicile et c'est toujours l'auxiliaire qu'on désigne en premier. Fort heureusement, ça se finit très souvent par « je suis vraiment confus, je viens de le retrouver… » Malheureusement, sur ce coup-là, je suis à présent presque certaine qu'elle dépouille tranquillement les personnes que nous lui confions. Impossible de régler ça avec trois petits coups de bâton. J'enrage. C'est tellement facile ! « Elle n'a pas toute sa tête », « mais non, Dafna, le monsieur a de gros problèmes de mémoire »... C'est toujours la parole des uns contre la parole de l'autre. Bien entendu, de fortes présomptions, ça ne suffit pas pour licencier quelqu'un. En attendant que je trouve une solution, elle va continuer à se rendre chez d'autres gens... Ça me rend malade. Pas le choix, trop incertain d'envisager une mise à pied, m'explique notre conseiller juridique.

Les Prud'hommes, voilà un truc qui me terrorise. Impossible pour cette toute jeune entreprise de devoir lâcher des mille et des cents au motif d'une législation mal appliquée. Plus tard, ça m'arrivera quand même – pas des mille et des cents, mais du temps, du stress et le goût amer d'avoir était condamnée sur la forme et pas sur le fond. Je me rappelle avoir dit aux juges : « Mais ça ne serait vraiment pas juste » et la réponse avait été : « Nous ne sommes pas là pour être justes, mais pour appliquer les textes. » Si les juges ne sont pas là pour être justes... Espérons que d'ici quelques années, tout cela aura plus de sens. (Dans longtemps, pour mieux comprendre, je deviendrai juge employeur aux Prud'hommes de Paris, mais c'est dans longtemps.)

De son côté, Seb raccroche à nouveau avec l'infirmière d'un vieux monsieur. Il y a quelques jours, elle l'avait appelé bien secouée : « Je viens de voir l'épouse de notre patient lui coller une paire de chaussettes dans la bouche et après, elle lui a tapé dessus avec sa chaussure. Je voyais bien qu'il avait des bleus ce monsieur, mais quand je demandais à sa femme, elle disait qu'il tombait tout le temps ! Vous vous rendez compte, Monsieur Poirier, les chaussettes, c'était pour étouffer ses cris ! » Là, c'est du lourd. Seb l'a signalé au procureur sans traîner, mais il faut que ça bouge vite. Il a prévenu le commissariat. Tout le monde s'est organisé. On comprend bien l'intérêt de bosser au sein d'un réseau ! L'épouse est furieuse, elle crie à l'injustice, elle pleure des larmes de crocodile. Visiblement, elle a toujours été un peu hystérique. Le monsieur, lui, il lui manque un disque dur. Il n'a plus aucune mémoire immédiate, alors il ne comprend rien à ce qui se passe. Il ne sait pas pourquoi il est couvert d'hématomes, un truc de dingue. Dans son malheur, il se rend deux fois par semaine dans un accueil de jour qui compte aussi un hébergement d'urgence. L'équipe y est formidable. Une réunion de concertation, quatre, cinq coups de fil plus tard, une pile de dossiers administratifs à remplir en perspective, et notre amnésique déménage. Seb se rend sur place : « Jeune homme, je ne saurais pas bien vous dire pourquoi, mais ça me soulage de quitter ma femme… » Tu m'étonnes !

Alors, vous comprenez que dans ce contexte, les histoires de comptabilité, je m'en fous. Je bâcle. J'ai tout entassé dans un coin (enfin, tout, non, visiblement, y a pas tout) en me disant que je ferai ça quand j'aurai le temps (mais je n'ai jamais le temps) et là, je ne retrouve pas la moitié des pièces justificatives. Je dois boucler le bilan et je ne retrouve plus rien. A nouveau coincée et dans l'urgence, je m'improvise aide-comptable. Le métier qui me va le moins.

Ça ne peut plus durer. Je dois recruter quelqu'un pour me seconder et un cabinet d'experts-comptables pour superviser le tout. L'entreprise commence à avoir une taille importante, je vais droit dans le mur si on n'est pas un minimum organisés. Aide-comptable, ça devrait être simple à trouver. Je mets une annonce sur le site de l'ANPE (à l'époque, ça s'appelle encore comme ça) et j'attends d'y récolter CV et lettres de motivation. Ça ne pousse pas vite, mais ça finit par arriver.

La récolte n'est pas bonne. Comme je n'ai pas l'embarras du choix, pas plus qu'un coup de cœur, je mise sur celui qui aura le moins de chance de trouver un emploi. C'est l'un des dix commandements de mon père : « À CV égal, choisis le moins chanceux ! » C'est super dans l'idée et il a toujours été de bon conseil, alors…

Je choisis Jean. Il a une bonne tête de gagnant : à 50 ans, il ne retrouve plus de boulot depuis… ? Je ne sais pas s'il a un jour bossé, mais il est diplômé de comptabilité. Ça devrait aller ! Dans l'équipe, je suis la seule à y croire. Faut dire qu'objectivement, il y a un truc qui ne va pas. Comment décrire Jean ? Brun, grisonnant, une chemise fermée jusqu'au milieu du cou et une cravate avec laquelle il pourrait se pendre des fois que la suite serait trop moche. Ce n'est pas un boute-en-train, Jean. Bébé, ça doit être les fées tristes et taciturnes qui se sont penchées sur son berceau. J'imagine le don des deux chipies : « En toute circonstance, que la vie te sourie ou non, tu ne positiveras jamais » et « Je te fais le cadeau précieux d'être capable d'envisager le pire sans jamais voir le meilleur ». Pas gagné quand on perçoit le monde sous cet angle.

À son arrivée, je lui montre comment se connecter à une session et l'utilisation du logiciel compta spécifique au secteur du domicile. Rien ne semble rentrer. Pourtant, consciencieusement, Jean écrit tout. Il souligne en rouge les choses importantes et en vert celles qui le sont un peu moins. Résultat, tout prend des plombes et on n'avance pas. Peut-être croit-il rédiger un manuel sur le poste ? Bonjour et au revoir, connaît pas. Il est comme l'éclipse ce gars, on ne sait pas quand il arrive, ni lorsqu'il part. Notre « poisseux de la vie » semble avoir peur des gens. Il a le regard fuyant, il répond toujours de manière courte et concise pour ne pas que la discussion s'éternise. Apparemment, tout l'angoisse.

Quelques jours passent et Jean ne sait toujours pas ouvrir sa session sans aide.

– Jean, je suis vraiment désolée, je pensais qu'avec un peu de temps… enfin… mais je vois bien que vous êtes en difficulté…

Je cherche mes mots, j'essaie d'être délicate. Pas facile de dire à quelqu'un qu'on ne va pas le garder. Je t'en foutrais d'appliquer l'un des « 10 commandements » de Dan si c'est pour le jeter ensuite. Comment ça, c'était risqué de choisir le plus abîmé, le plus décalé ? Avant que je parvienne à exprimer « ce à quoi je veux en venir », Jean m'explique :

– C'est la cravate, Madame Dafna, elle me congestionne le cerveau et m'empêche de fonctionner à plein régime.

Mais oui, c'est ça l'explication, c'est la cravate !

– Jean, je ne savais pas comment vous le dire ! C'est ça, venez travailler sans cravate.

C'est sûr, maintenant, ça va rouler. Je lui suggère (tant qu'on y est) de ne plus fermer le dernier bouton de sa chemise. Je veux mettre toutes les chances de notre côté ! C'est que le boulot s'accumule et moi, je ne m'en sors pas.

Le lendemain, Jean arrive sans cravate mais ne parvient pas pour autant à ouvrir sa session seul. À la fin de la journée, je me résous à mettre fin à sa période d'essai. Des « Ah non, ah non » très forts sortent de sa bouche. Timothé, inquiet, n'est pas loin. Il est bizarre ce type, un coup pourrait partir. Ça dure longtemps, mais je parviens à apaiser notre « carrément dégoûté de la vie » et tout finit par se passer sans trop de heurts. En partant, il me salue (il sait donc dire au revoir).

– Alors, Madame Dafna, vous étiez en quelque sorte ma patronne ?

– Pourquoi « en quelque sorte », Jean ? J'ai signé votre contrat de travail.

Il me sourit. Mon « Rain man » n'a pas fait l'affaire. Ratée, la jolie histoire. Le poste de comptable est de nouveau vacant…

Je désespère de trouver l'aide dont j'ai besoin, mais maintenant j'ai peur de recruter quelqu'un. Yossi, bien au fait de mes difficultés, me propose de faire un essai avec son colocataire. Yossi, c'est un amour, je n'en parle que maintenant, mais en réalité, il est là depuis le début de l'histoire. C'est lui qui a trouvé le nom de cette boîte. Je l'adore, ça fait longtemps qu'il est mon ami. Son coloc, c'est Aymeric. Il est depuis longtemps sans emploi mais posséderait de solides compétences en gestion et communication et un vague bac +4 pas vraiment en lien avec la comptabilité, ce qui, au vu de mon expérience passée, est un bon point pour lui. Je connais déjà ce garçon, pour l'avoir croisé une ou deux fois chez mon ami. J'ai un bon a priori. Je leur propose de venir un soir à la maison, l'occasion pour moi d'exposer à Aymeric en quoi consiste le poste et de voir si ça matche entre nous.

Je les reçois avec le sourire. Elvire est restée et a préparé pour tous ses fameux spaghettis. Elle sait faire plein d'autres choses, mais de tous ses plats, c'est celui que je préfère : les pâtes de ma mère, elles sont à tomber par terre. Aymeric semble soucieux de faire la meilleure impression possible. Ma mère lui tend une assiette débordante, il refuse poliment. Elle se tourne vers moi avec un petit regard espiègle : « Tu ne peux pas recruter un garçon qui ne mange pas les pâtes de ta mère ! », puis, se tournant vers lui : « Tu démarres mal jeune homme, si tu veux travailler avec ma fille ! » Aymeric, mal à l'aise, ne connaît pas encore le personnage. Je lui souris pour le rassurer.

Il me plaît bien ce garçon. Je sens que ça va le faire. « Rendez-vous demain au bureau pour ta première journée si t'es partant ! » C'est la bonne personne et, cette fois, je ne me trompe pas. Ensemble, nous parvenons à boucler le bilan dans les temps. Je lui confie définitivement la responsabilité de la comptabilité. Aymeric est embauché.

La mort, cette connasse

Fouzia est en ligne avec Mila. L'aide à domicile a le cœur lourd, de grosses larmes dans la voix. Pourtant, sa journée ne laissait présager aucun drame. Comme à son habitude, Madame Adorable l'a accueillie avec un petit thé et des biscuits secs. Malgré son âge, cette dame est plutôt en forme. Parfois un peu fatiguée, mais elle fait encore seule tout ce que l'on fait tout seul, juste un peu plus lentement qu'avant. Comme elle n'est plus toute jeune, l'action sociale de sa caisse de retraite lui a dit que ça serait bien qu'elle se fasse un peu aider. Depuis, Mila rythme ses semaines. Aujourd'hui, c'est jeudi, alors comme chaque jeudi, après le petit encas, elles sortent bras dessus bras dessous avec le cabas pour faire les courses. Nous l'avons recrutée il y a plusieurs mois déjà. Les gens l'adorent et je comprends pourquoi. Elle met du sens, de l'intelligence, quel que soit ce qu'on lui demande de faire. Visiblement, c'est un boulot qu'elle aime, mais on pourrait juste dire qu'elle aime les gens.

Mila est arrivée d'Algérie il y a quelques années. Elle était comptable là-bas, mais ici, il lui a fallu renoncer à sa vie d'avant. Aide à domicile, pourquoi pas ? Elle aimait le contact avec les anciens au pays. Intelligente, elle perçoit rapidement que c'est un moyen comme un autre d'entrer dans les métiers du soin. C'est vrai qu'elle semble faite pout ça : en toute circonstance, elle sait trouver l'attitude adéquate. Elle suit les consignes des « justes fatigués » et contourne avec tact et bienveillance les instructions farfelues des « pas toute leur tête ». Elle ne veut pas qu'ils s'aperçoivent que ça tourne plus très rond, elle est toujours pleine de délicatesse. Avec Madame Adorable, pas de stratégie à mettre en place, elle peut docilement obéir sans inquiétude, c'est reposant. Je crois qu'elle fait appel à nous pour faire un pied de nez à la monotonie d'avant. Une visite deux fois par semaine, un rendez-vous programmé, régulier avec quelqu'un qu'elle aime bien, tord le cou à l'ennui qui s'installait. Ce n'est pas qu'elle ne soit pas entourée mais lorsqu' on a 95 ans, nos enfants en ont 60, 65, 70 ? Peu importe, ils ne sont plus jeunes. Génération sandwich coincée entre vieux parents et petits-enfants, ils ont peu de temps. Madame Adorable l'a bien compris, elle ne veut pas leur en demander trop. Ils font déjà beaucoup et Mila est tellement mignonne avec elle.

Dans la rue, personne ne les remarque. Les gens passent, indifférents, mais cette petite scène ordinaire dégage quelque chose de doux, de paisible. La fragilité de l'une a permis la rencontre et une jolie complicité a pris place.

Pour quelques secondes seulement, Mila lâche le bras de sa protégée. Elle la prévient : « Madame Adorable, je jette votre poubelle dans la benne, bougez pas. » Elle fait deux pas, dépose le sac et revient. Juste quelques secondes. A-t-elle bougé ? Mila ne saurait le dire. En même temps, cette dame bouge le reste du temps lorsque le bras de l'aide à domicile ne tient pas le sien et tout va bien. Elle sort encore seule : faire les courses ensemble, c'est plus un confort, un plaisir qu'une nécessité. Mais ce jour-là, juste quelques secondes sans son bras et Madame Adorable immobile d'abord, virevolte comme une feuille tombant d'un arbre. Elle n'essaye même pas de protéger son visage avec ses mains. Elle s'écrase de tout son poids contre le sol. À croire que ces quelques secondes étaient trop longues, qu'après 95 années, c'était trop lui demander. On ne fait pas attendre une vieille dame, même pour jeter ses poubelles à quelques mètres. Pas d'autre explication à cette chute.

Mila crie, demande de l'aide aux passants, mais que peuvent-ils faire ? Elle appelle les pompiers. Efficaces, les pompiers. Ils sont là vite. Moins vite qu'il n'en a fallu à Madame Adorable pour tomber, mais rapides quand même. En un clin d'œil, les voilà toutes deux à Saint-Antoine. C'est de là que Mila prévient Fouzia avec des sanglots dans la voix. Elle s'en veut beaucoup. De quoi, Fouzia ne sait pas. Qu'a-t-elle fait qu'elle n'aurait pas dû ? Elle tente de la consoler comme elle peut. Elle est entraînée maintenant pour réconforter. Des départs, il y en a eu beaucoup depuis que nous avons démarré. Elle dit des « mais non, mais non, faut pas vous en vouloir » et des « vous n'y êtes pour rien ». Elle propose : « Vous voulez que je vienne pour que vous ne soyez pas seule ? » Elle ajoute encore : « Je préviens ses enfants, vous pouvez venir au bureau après, pour être avec nous, je vous remplace pour les prestations suivantes. » C'est un ange, ma Fouzia.

Sans le savoir, elle a raison. Rien de ce qui vient de se passer n'est de la faute de Mila. Madame Adorable n'a pas chuté ; c'est une saloperie de on ne sait quoi qui vient de la terrasser : infarctus, AVC ? Je ne sais pas bien, mais un truc qui laisse peu de chance quand on a déjà un corps fatigué. Avec ou sans son bras, elle se serait écroulée. La famille est en route pour l'hôpital. Je les ai appelés dès que j'ai compris ce qui se passait : « J'ai une mauvaise nouvelle, ne perdez pas de temps, elle est à Saint-Antoine… » Moi aussi je commence à être bien entraînée pour annoncer ce qui déchire le cœur.

Mila reste au chevet de la vieille femme jusqu'à l'arrivée des siens. Le médecin lui a dit qu'il ne pouvait se prononcer mais qu'il y avait peu d'espoir. La vieille dame est inconsciente. Mila lui parle, la supplie d'attendre. Mais Madame Adorable n'attendra pas plus. Elle s'éteint dans un lit qui n'est pas le sien dans cet hôpital. Dommage, pour une fois, la faucheuse a presque fait du bon boulot. Un travail net, sans bavure, juste une grossière erreur de timing. Quatre ou cinq heures plus tard, notre feuille d'automne mourait dans son sommeil. Une mort parfaite quand on a 95 ans et qu'on semble ne souffrir de rien. Juste une révérence. Enfin, c'est comme ça que j'aimerais mourir. Dans mon sommeil et en bonne santé mais peut-être y a-t-il mieux ? Quel que soit ce qu'elle choisira pour moi, je veux un truc rapide, sans peur et sans souffrance. Il faut aussi que l'ordre soit respecté : partir après mes parents et avant mes enfants, et c'est cette mort que je souhaite pour tous. J'ai eu le temps d'y réfléchir, mon métier me rappelant sans cesse notre finitude. La mort des autres fait désormais partie de mon quotidien, la douleur de ceux qu'ils laissent aussi, alors forcément, on y pense pour soi. Ce jour-là, la vicieuse a fait son cinéma. Un truc un peu spectaculaire devant une toute jeune femme, pour lui mettre des larmes plein les yeux. C'est souvent ce que fait la mort, comme si être séparés pour toujours ne faisait pas assez souffrir, comme si ce n'était pas assez douloureux. Elle est comme ça, la faucheuse, sans qu'on sache pourquoi. De temps en temps, elle rajoute à sa besogne un peu de vice et de cruauté.

La protégée de Mila s'en sort malgré tout pas trop mal. KO au premier tour. Y aura pas besoin d'y revenir. Je dis ça pour toutes les fois où la mort ne fait que la moitié du job. Comme pour la mémé de Philippe Torreton, elle donne un coup suffisamment fort sur la tête de ceux dont la route se termine pour qu'elle se casse, mais pas assez pour que la vie s'en échappe simultanément. Un boulot ni fait ni à faire. Juste une fissure plus ou moins grande, pour que la douleur, le désordre et la confusion y pénètrent. Lorsqu'elle fait ça, elle ne blesse pas seulement les gens qu'elle frappe, elle ne brise pas que leur vie ; elle en fracture d'autres : celles des proches. Elle plonge les aimants dans une espérance sans issue, un désarroi sans nom. Il faut dire que c'est un boulot d'équipe qui demande une certaine coordination avec la maladie. Seule, elle ne pourrait prendre qu'immédiatement la vie. Lorsqu'elles bossent ensemble, ces deux-là, les gens qu'elles prennent en charge endurent ce calvaire des semaines, des mois, des années, et mon équipe est aux premières loges de cette longue agonie. Je suis sûre que la mort se donne le beau rôle, se félicite de notre réussite : sans son vice, ou ce boulot mal fait, peu de travail pour les aides à domicile. Si elle faisait les choses proprement, de quoi vivrions-nous ? Voilà que je redeviens cynique. Il faudrait leur interdire définitivement de bosser ensemble : il faut qu'elles choisissent, elle ne peuvent pas tout infliger : c'est soit maladie et souffrance mais guérison et ça vaut le coup, soit mourir en bonne santé. Elles ne peuvent pas nous infliger les deux.

Pour Madame Adorable, la mort a bossé solo. Tant mieux.

Mila nous rejoint au bureau. Fouzia la prend dans ses bras, lui prépare une boisson chaude. Elle est en convalescence.

– Vous voulez que je vous remplace demain ?

– Ça va, mais j'avais pas signé pour ça, moi !

Elle sera là demain. Ébranlée, l'aide à domicile rentre chez elle.

La mort me surprend toujours.

Les aimants

Monsieur Lendemain vient d'arriver au bureau. Il débarque comme ça, nous ne l'attendions pas. La journée se termine, c'est l'hiver, il fait déjà nuit. Short, chaussettes jusque sous les genoux, bottes en caoutchouc, banane à la taille, gants en plastique à chaque main, Soizic a bien compris lors de sa première rencontre que notre intervention n'aiderait pas uniquement sa maman. Derrière la porte d'entrée vitrée, y a comme une ombre, on ne comprend pas très bien ce qu'il a laissé derrière lui avant d'entrer.

– Bonsoir Monsieur Lendemain, vous allez bien ? (Fouzia, toujours prévenante.) Ne laissez pas votre caddie dehors, Monsieur Lendemain, vous pouvez rentrer avec.

Alors, forcément, on est tous surpris quand on le voit entrer à nouveau, cette fois avec un fauteuil roulant, sa maman dedans. Une très vieille dame, fragile, désorientée, toute tassée, ratatinée dans sa chaise à roulettes. Elle n'a rien à faire hors de chez elle avec le froid qu'il fait.

Y a un truc qui matche pas dans la tête du fils de Madame Lendemain. Certainement qu'il est comme ça depuis toujours. Et depuis toujours, sa mère veille, mais maintenant… Il n'est pas méchant et il aime sincèrement sa maman, mais il ne comprend pas ce qui lui arrive, le pauvre. Il plante sa mère face à Soizic et il lui dit : « Allez, maman, répète-lui ce que tu m'as dit. » Alors la vieille dame égarée sourit à la jolie jeune femme devant elle, se tourne vers son fils et lui dit :

– Voilà, on a trouvé Bernard. C'est des dents comme ça que je veux. Mademoiselle, pouvez-vous indiquer à mon fils où vous vous êtes procuré vos dents ?

C'est vrai que ça fait plusieurs jours que Zola, l'aide à domicile de Madame, cherche son dentier dans tout l'appartement (ça aussi, un classique). Impossible de mettre la main dessus mais visiblement, il n'a pas fait le chemin pour ça, Bernard. Elle est incroyable Zola, faut voir comment elle gère le fils en plus de l'aide qu'elle apporte à la mère. Non parce qu'il fait vraiment n'importe quoi : il récupère la nourriture périmée que Zola met dans la poubelle, il refuse le lit médicalisé attendu de longue date, il suspend la livraison des repas. Bref, il complique bien le truc.

Bernard se met en colère, lève la voix :

– Mais non, maman, on n'est pas venus pour tes dents ! Tu te rappelles ce qu'on s'est dit à la maison ? Répète à Madame Soizic ce que tu m'as dit.

Petit moment de méditation. Madame-sans-dents se concentre, inspire profondément, regarde autour d'elle.

– Mais, Bernard, qui sont tous ses gens ? Pourquoi on est ici ?

Le fils se fâche, Soizic l'apaise :

– Monsieur Lendemain, vous vous rappelez ? Je vous ai expliqué. Votre maman, maintenant, elle est un peu perdue, elle a des problèmes de mémoire. Il ne faut pas lui en vouloir. C'est une vieille dame maintenant. C'est à vous de prendre soin d'elle…

Je ne vous raconte pas tout, mais pour la petite histoire, Soizic a fait un rapport pour expliquer la précarité de la situation. Eh bien, le juge a désigné le fils pour occuper les fonctions de tuteur ! Sans blague. Bon, ça s'est arrangé au bout de plusieurs mois ; il a été reconnu que, peut-être, une petite boulette avait été faite… Je les appelle les « compliquants », les fils des Madame Lendemain, et pour autant, ce sont aussi des aimants.

On ne s'occupe pas que des gens seuls, heureusement. La maladie, la perte d'autonomie, c'est déjà costaud, alors si ça vous tombe dessus, c'est mieux d'être aimé et entouré. C'est moins douloureux quand on n'est pas seul. Mais ça fait mal à ceux qui vous aiment.

« Les aimants » : je sais, c'est un peu bizarre. Je suis la seule à les appeler comme ça. Les aimants, c'est pas forcément des aidants (le mot qu'on utilise pour parler des proches qui aident et soutiennent) et, inversement, on n'est pas obligé d'aimer pour aider. Evidemment, ceux qui aident, c'est souvent ceux qui aiment, mais ce n'est pas une règle. C'est mon copain Serge Guérin qui a écrit un paquet de trucs à leur sujet. Il a même déterminé la somme que tous ces aidants faisaient économiser à la collectivité. Je me souviens plus combien mais ça fait beaucoup, beaucoup d'argent.

La vérité, c'est que sans eux, on n'y arriverait pas. Pas seulement pour des raisons économiques, mon sociologue préféré insiste bien sur ce point. Vous avez vu tout le mal qu'on a à accompagner les seuls au monde, les éloignés de leur aimé ? Non, heureusement qu'il y a les aidants. On bosse aussi pour leurs proches. Tout le monde a le droit au dispositif d'aide à domicile. Parfois, ils nous téléphonent furax parce que l'appartement est sale, ou qu'il y a des aliments périmés dans le frigo. « C'est pas à moi de faire votre boulot ! Comment ça se passe chez les gens qui n'ont pas de famille ? Vous ne faites jamais de contrôle ? » Eh bien, s'il y a bien un truc qui est vraiment de leur ressort, ce n'est pas de faire la toilette de leur maman, ni de faire le ménage chez leur papa, ni de préparer les repas, ni de faire les courses (même si c'est une réalité, ils font tout ça aussi). La seule chose qui est précisément leur boulot, c'est d'être vigilant et de nous alerter lorsqu'on ne fait pas bien le nôtre. Parce que pour nous, impossible de contrôler ce qui se passe à domicile une fois que l'auxiliaire intervient. On a déjà du mal à assurer la mise en place des nouvelles demandes, pas possible pour nous d'organiser des visites de contrôle pour des gens qui ont une famille vigilante. C'est eux, notre contrôle, eux et tous les autres qui se rendent, comme nous, auprès du vieux monsieur, auprès de la vieille dame. Sans une cobienveillance, une covigilance, une coresponsabilité, impossible que ça marche. On essaie d'assurer quelques visites de contrôle lorsque que nous sommes les seuls à nous rendre chez la vieille personne (ce qui est rarement le cas), jamais sinon. Il faudrait pour cela financer un poste supplémentaire à temps plein, et avec quel argent ? Impossible. Dans quelques années, les appartements seront connectés à leur service d'aide pour assurer prévention et vigilance. On sera les premiers à expérimenter les e-objets. Ça sera top, mais au moment où se passe l'histoire, ça n'existe pas encore. En attendant que la technologie vienne à notre secours, nous comptons beaucoup sur les aimants, qu'ils soient aidants ou compliquants.

Il y a la fille de cette dame malade qui a installé sa maman dans l'appartement en face du sien. C'est super, une configuration pareille. Par chance, ma grand-mère de 89 ans vit juste à côté de chez mon père. Du coup, il passe tous les jours, il lui apporte son repas, il s'assure qu'elle aille bien. Elle est encore très autonome ma grand-mère, et pourtant, elle en demande de l'énergie et de l'attention à Dan. Alors imaginez pour cette dame très malade. Petit à petit, au fur et à mesure que la maladie fait son nid, clopin-clopant, cette fille de 75 ans accompagne tout doucement sa maman. Elle fait pour elle tous les gestes que sa mère a fait avant lorsqu'elle était enfant. Elle la lave, l'habille, elle l'accompagne aux toilettes, remonte sa culotte, lui donne à manger cuillère après cuillère. C'est enthousiasmant, lorsqu'on le fait pour nos petits ; cet accompagnement mène nos enfants vers l'autonomie. Mais quand on le fait pour nos parents, on sait que ça ne finira pas de la même façon. Cette fille (elle-même déjà grand-mère) est douce et pleine d'amour, de désespoir aussi parce qu'elle sait bien que c'est la mort qui attend sa mère au bout du chemin, pas la liberté. « Je deviens la mère de ma mère », m'a-t-elle dit. Je n'ai pas connu sa maman avant la maladie, une saloperie de Parkinson qui ne vous laisse aucune chance. Une dame digne, toutes ses facultés intellectuelles, enfin pour le moment. Ça doit être terrible de se voir s'éteindre comme ça, tout doucement. La seule chose qui compense, c'est l'amour des siens, et encore – beaucoup s'en veulent de faire porter un tel poids sur leurs vieux enfants.

Globalement, si on a donné beaucoup d'amour et d'attention quand on allait bien, on en récolte plein quand on va mal. Ce n'est pas une vérité (j'aimerais que ça le soit), mais ça se passe souvent comme ça.

Il y a aussi ce vieux monsieur tellement amoureux de sa femme. *« La femme qui est dans mon lit n'a plus 20 ans depuis longtemps / Les yeux cernés par les années, par les amours au jour le jour, la bouche usée par les baisers. »*[17] Lui, il va la garder tout près, lovés l'un contre l'autre. Il va la soigner, il va la bercer. On sera là pour l'aider un peu. Une heure par-ci, par-là. Et puis, un jour, elle s'endormira tout doucement dans ses bras. Il m'écrira une lettre bouleversante pour me dire combien il se sera senti soutenu durant toute la période où son épouse aura été malade. Faut dire que Soizic avait confié le soin à Lucienne de venir tous les jours, alors les deux amoureux étaient entre de bonnes mains. Lucienne est merveilleuse. Il ne vivra pas très long-

---

17. Serge Reggiani, « Sarah ».

temps après elle. À quoi bon, maintenant qu'elle n'est plus là ? Les aimants, qui s'épuisent d'amour, qui se brisent le cœur. Un service comme le nôtre, ça aide un peu, mais parfois pas suffisamment…

Ma petite équipe, elle en rencontre tellement des bouleversants. Il fallait que je vous le dise parce que dans mon récit je n'en parle pas assez, mais ils sont là, dévoués, présents, attachés et attachants, attentifs, fidèles, fatigués, souvent épuisés, parfois impuissants.

Wonder Woman de mère en fille

Cela fait vingt bonnes minutes que je suis en ligne et que je me fais « déchirer » par Madame Pilpoile. Elle est furieuse contre moi, contre l'équipe, contre son auxiliaire : « Elle est nulle, pas fichue d'arriver une fois à l'heure ! » et nous, nous sommes des bras cassés.

Impossible d'en placer une. Elle vomit sur moi toute sa colère et sa rage. C'est le moyen qu'elle a trouvé pour se venger de cette existence qui lui fait vivre l'enfer. Elle ne se laisse pas faire, elle est combative : l'enfer, ça sera elle ! Elle s'acharne comme ça sur moi, parce qu'enfin, elle tient un responsable à ses souffrances de merde : des parents morts bien avant l'heure, un frère très lourdement handicapé dont elle s'occupe seule depuis des décennies. On peut dire que le malheur ne l'a pas loupée. Comme on dit, « il ne vient jamais seul ». Sur ce coup-là, il a ramené tous ses potes. Elle aussi a été malade quelques années plus tôt, très malade. Alors maintenant, elle est fatiguée et c'est tolérance zéro. Nina, son aide à domicile, n'est effectivement jamais à l'heure et quand elle n'est pas en retard, c'est qu'elle est absente. Mille fois je l'ai reçue, mille fois Fouzia, moi, toute l'équipe lui avons dit qu'elle ne pouvait pas faire comme ça, que c'était terrible pour les gens. Elle a été convoquée, sanctionnée. J'ai suivi tout bien le Code du travail : un avertissement et puis une mise à pied (sanctionner une personne qui ne vient jamais bosser par l'interdiction de venir travailler une journée, pas sûr que ça ait beaucoup de sens, mais bon !). Je lui ai dit que je serais contrainte de la licencier si rien ne changeait, bref, j'ai tout essayé pour qu'elle soit à l'heure et qu'elle prévienne lorsqu'elle s'absente, mais rien n'y fait. Mille fois elle m'a dit « oui, oui, je m'excuse, je ne le ferai plus, je serai à l'heure et je serai là » et mille fois elle n'était pas là, de nouveau en retard. C'est vraiment dommage parce qu'elle est vraiment mignonne cette petite, à part ce problème majeur. Les gens l'adorent. (Plus tard, j'apprendrai qu'elle vit encore chez ses parents, c'est vrai qu'elle n'est pas bien vieille ; son père lui cogne dessus de bon matin, alors parfois elle est en retard, parfois elle est absente. Mais ça, je ne le sais pas encore.) J'ai proposé de nombreuses fois à Madame Pilpoile de la remplacer pour quelqu'un de plus assidu et ponctuel. Elle me l'interdit : « C'est qui, le patron ? C'est vous ! Alors vous lui dites d'être à l'heure ! Vous ne savez pas vous faire obéir ! Je ne vais pas encore réexpliquer à quelqu'un d'autre ! Nina connaît la maison, mon frère y est habitué, alors vous faites votre boulot ! JE LA VEUX A L'HEURE CHEZ MOI ! » Si je ne peux pas lui proposer quelqu'un d'autre je suis condamnée à vivre d'innombrables fois cette scène. J'ai compris que Nina ne rimerait jamais avec parole tenue, ponctualité et assiduité. C'est elle qui va chez Flore, la belle-sœur de Roger. Lui aussi craque mais refuse que je la remplace : « Dafna, ça marche mal ton affaire, je vois que je ne peux pas compter sur ton organisation. Tu sais que l'autre jour, je suis passé chez Flore, il n'y avait personne. Tu te rends compte ? Je n'étais même pas prévenu, c'est pas sérieux. »

Madame Pilpoile hurle à présent. Je ne sais pas ce qui s'est passé. L'emballement ! Elle s'est laissée prendre par l'émotion. Ça doit lui faire un bien fou de vider son sac comme ça. Ça a commencé soft, mais là, ça a dérapé. J'encaisse. Que faire d'autre ? La phrase que je dis au moins dix fois, cent fois par jour depuis que je fais ce boulot, c'est : « Je suis vraiment désolée. » Moi et toute l'équipe passons notre temps à nous excuser de tout, pour tout. « Mais je n'en ai rien à foutre, moi, que vous soyez désolée ! À quelle heure elle va se pointer l'autre ? Vous comprenez pas que vous intervenez chez des gens malades ! Pauvre gourde, je t'en foutrais des désolée ! » Voilà, un début d'après-midi sympa…

Sophie me fait signe. Ma mère cherche à me joindre sur l'autre ligne. Impossible d'interrompre la communication avec ma furieuse sans risquer qu'elle ne s'en étrangle de rage. Il faut que je parvienne à la ramener à un petit semblant d'apaisement avant : pas gagné. Je fais signe à Sophie que je ne peux pas la prendre. Dix minutes plus tard, échec cuisant, je ne suis parvenue à rien d'apaisant et ma mère me relance. Je fais un signe d'impatience en direction de Sophie, elle voit bien que je suis coincée. En même temps, c'est pas son genre à ma mère d'insister comme ça. Sophie me dit que c'est important. « Madame Pilpoile, une urgence se présente, Fouzia vous rappelle » et je parviens enfin à raccrocher.

– Allô ? Maman, tu sais, si je te dis que je rappelle, je rappelle, ça sert à rien d'insister comme ça !

– Je sais, chérie, mais je ne me sens pas bien, j'ai dû manger quelque chose qui passe pas, je voudrais que tu viennes.

Qu'est-ce qu'elle me raconte ? En pleine journée ? En plus, toute la famille est chez elle ce soir pour Roch Hachana (le nouvel an juif), pourquoi veut-elle que je vienne maintenant ?

– Mais, maman, appelle ton généraliste, et moi je

viens plus tôt ce soir pour acheter les médicaments. Qu'est-ce que je peux faire si je viens maintenant ? Je ne suis pas médecin.

Ma mère me sollicite peu en réalité. Elle a toujours peur de me déranger, elle sait que je suis débordée, que j'ai mon boulot, un mari, des enfants... Habituellement, c'est à ma jeune sœur Rachel à qui elle demande tout et n'importe quoi. Elle l'a eue à 40 ans de son second mariage et même si elle a 24 ans maintenant, ça sera toujours sa petite. Avec elle, pas de gêne, elle peut tout lui demander. Mais Rachel est partie pour quelques mois au Canada.

– Dafna, viens ! Viens maintenant, je ne me sens pas bien !

Son appartement est à quelques minutes en voiture de mes bureaux. Sur le trajet, je passe encore quelques coups de fil : « Samuel, bonjour, c'est Dafna. Samuel, Mariam m'a appelée ce matin après être passée chez vous, vous aviez promis que ça n'arriverait plus. » Samuel a 30 ans, il est tétraplégique. Lui et moi nous parlons franchement, sans gêne et sans détour. « Samuel, je comprends que le sexe soit un sujet. Que vous en ayez envie/besoin comme n'importe quel être humain. Vraiment, loin de moi l'idée de vous faire la morale. Vous êtes adulte, vous êtes célibataire... Je comprends tout ça. Avec votre handicap, impossible pour vous de vous masturber… Mais vous ne pouvez pas le demander à votre aide à domicile, ça ne fait absolument pas partie de son job. Ça la choque, elle me dit ne plus vouloir revenir. Ce n'est pas possible. » Samuel me promet lui aussi (comme Nina) que ça n'arrivera plus. Je sais que ce n'est pas vrai.

Je suis chez ma mère. J'ai bien fait de venir. Ce n'est pas une intoxication alimentaire, une petite grippe intestinale ou je ne sais quoi d'autre ; c'est un infarctus qu'elle nous faisait, Elvire ! Et pas un petit : trois artères sont en train de se boucher (c'est le médecin de l'hôpital qui me le dira plus tard). Pourtant, Elvire dit qu'elle a juste besoin de se reposer avant la fête de ce soir, elle ne veut même pas que j'appelle son médecin. Non, moi je suis là pour mettre la table et finir de préparer le repas pendant que son cœur s'asphyxie.

Pour la raisonner, j'appelle Yossi. Elvire veut bien l'écouter parce que même si c'est un gamin, il est médecin. C'est fou, moi qui dans le cadre de mon boulot appelle les pompiers sans la permission de personne pour venir en aide à des anonymes, lorsqu'il s'agit de ma mère, je redeviens petite fille… C'est lui qui m'a dit d'appeler immédiatement les secours, et là enfin, je me sens autorisée à désobéir à ma mère. Lorsqu'ils la descendent dans le brancard, des patchs et des fils fixés sur sa poitrine, pour la transporter là où il y aurait de la place pour une opération immédiate, ma mère me dit :

– Tu vois, je ne voulais pas que tu appelles les pompiers, je vais manquer la fête. Pour le repas, c'est vraiment foutu, j'avais fait des boulettes.

Si je n'étais pas terrifiée à l'idée de ne plus la revoir, ça m'aurait fait rire.

Et me voilà maintenant dans sa chambre d'hôpital au milieu de la nuit. Ma mère est endormie et hors de danger. Elle me semble si fragile comme ça. Pourtant, c'est une Wonder Woman, Elvire. Elle a une façon d'appréhender la vie, pas toujours de façon rationnelle, elle se croit capable de tout. Depuis toujours, quand j'ai un vrai sujet, gros ou petit problème, elle me dit qu'elle va faire ci, qu'elle va faire ça. Elle croit que tout lui est possible. En vrai, il n'y a rien qu'elle ne puisse pas faire pour ses enfants. C'est une spontanée, une engagée. Entière elle est, ma mère. Elle pense avec son cœur, à croire que peu de choses passent par sa tête. Ce sont ses émotions qui la guident. Ça coïncide souvent avec intelligence et bon sens, toujours bienveillance. Elle dit tout haut ce qu'elle pense. Ça donne des situations rock n' roll. Ce n'est pas bon pour vous si elle ne vous aime pas, mais heureusement, c'est pas souvent qu'elle n'aime pas les gens.

À six ou sept ans, je décrochais le téléphone de son agence de voyage lorsqu'elle était déjà en ligne :

« Vincennes-Tourisme bonjour, ne quittez pas, ma maman va vous prendre bientôt... » Ah, cette agence de voyage ! L'aventure de la famille Guez, ceux-là même arrivés de Tunisie en bateau. Ses journées de travail étaient longues. Souvent, elle venait me chercher après l'école pour me ramener dans ses bureaux. Là, j'attendais patiemment qu'elle finisse sa journée. Il n'y avait pas encore d'ordinateur sur les tables, tout se faisait à la main, pas de 35 heures non plus, elle travaillait tous les jours de la semaine, à l'exception du samedi, jour du shabbat. Elvire avait souvent un téléphone sur chaque oreille, une cigarette à la bouche. L'agence tournait à plein régime, les voyages se démocratisaient. Quelques clients pouvaient être redoutablement exigeants, parfois exécrables. Personne ne la ménageait, mais elle gardait toujours calme et sourire. Elle était disponible pour tous et clients et collègues l'appelaient par son prénom : Elvire ne semblait pas avoir de nom de famille. En même temps, est-ce que les femmes ont vraiment un nom ? Enfant, elles ont celui de leur père, plus tard celui de leur mari. Pour un peu qu'elles en changent souvent et on ne sait plus comment les appeler ! Un prénom, pour une femme, « c'est rien qu'à soi », ça ne change pas en fonction de l'homme avec qui on vit, c'est stable. Ma mère a aussi ce talent de mettre très vite entre elle et n'importe qui une respectueuse familiarité.

Ça, c'est un vrai super pouvoir !

Je ne sais pas ce que j'ai d'elle. J'espère beaucoup, du raisonnable en plus. Souvent, j'ai l'impression d'être sa revanche. Moi je n'ai fait d'impasse sur rien, du moins c'est ce qu'elle croit. Quelle responsabilité portent les mères dans la construction et ce que deviendront leurs filles… Quoi qu'il arrive de bon ou de mauvais, c'est toujours grâce ou à cause des mères.

Elle ouvre enfin les yeux. Elle se tourne vers moi.

– Je l'ai échappé belle, je te dois une fière chandelle !

Elle me sourit, reconnaissante.

– Que ce serait-il passé si je t'avais écoutée ? Que j'avais pas appelé les secours ?

– Si j'étais partie, c'est que c'était mon heure, on a tous une heure…

Elle oublie qui elle a pour fille ! Déjà que je me prenais pour Wonder Woman moi aussi, mais maintenant que j'ai sauvé ma mère, là, je crois vraiment que rien ne peut plus arriver, que je peux tout stopper, tout empêcher. Mes proches ne risquent rien. La mort et moi on se connaît, on est pour ainsi dire collègues de travail. Elle sait qu'il y a des limites à ne pas franchir.

Sa période de convalescence fut courte mais épuisante. Comme à son accoutumée, ma mère ne voulait déranger personne et ne faisait pas plus attention à elle qu'auparavant. Ah, si ! Elle a arrêté de fumer. Je courais dans tous les sens, tentant de mener de front, travail, vie de famille tout en prenant soin d'elle.

Avec cet infarctus, je vivais dans ma chair la douleur de tous les aimants que j'accompagne. Non pas que je ne l'avais pas compris avant, mais de ressentir le tiraillement et la culpabilité que vivent certaines familles me rendait meilleure professionnelle. Voilà, tout ça est arrivé pour que je fasse mieux mon job. C'est bien comme explication, ça a du sens. Maintenant que j'ai bien compris, ma mère n'a plus qu'à se rétablir rapidement et la vie reprendra son cours normalement. C'est bien comme ça.

Et puis, pourquoi Elvire ne vivrait pas très, très vieille ? Je me rappelle ces quatre sœurs toutes âgées de 75, 77, 80 et 83 ans, épuisées d'avoir à s'occuper de leur maman centenaire. 103 ans elle avait, cette dame, elle n'en pouvait plus de cette vie sans fin : « *Si j'méritais l'enfer, alors c'est réussi car je suis centenaire et j'suis encore en vie* », comme dans la chanson de Lynda Lemay. Les filles aussi n'en pouvaient plus : « J'aime ma mère, qu'elle vive jusqu'à 120 ans, mais elle va tous nous enterrer. C'est moi la jeune de la famille et j'ai 75 ans, mais ma sœur, elle est arrière-grand-mère, à elle aussi il lui faudrait une aide à domicile ! » Je comprends ce qu'elle dit. Je me vois très bien à 80 balais expliquer à Elvire que je suis vieille maintenant et que ça va plus être possible de venir manger un couscous tous les shabbats midi chez elle.

Un clochard à domicile

– Vous n'allez pas me croire ! L'autre jour, je préparais le repas de Madame Popi, et elle n'avait pas l'air contente de ce que je lui faisais. Pourtant, c'est le plat préféré de mon chat.

– Mais vous n'êtes pas censée être chez Madame Tila ? demande Eve.

– Si, j'y suis, je fais la poussière en même temps devant Monsieur Tila, il m'entend et comme ça, lui aussi il est au courant, j'aime me sentir utile.

Eve raccroche. Sa discussion avec Nadine est complètement incohérente : « Dafna, il faudrait peut-être lui prévoir un rendez-vous avec la médecine du travail. C'est chaud ce qu'elle raconte ! Je ne me souviens pas de tout, trop d'informations en peu de temps, mais ça fait peur quand même. »

Je suis bien d'accord avec Eve. Elle me fait flipper, cette aide à domicile. Elle a toujours été un peu décalée, mais là, je ne comprends plus rien lorsqu'elle me parle. Je lui ai pris le rendez-vous à la médecine du travail. Ils l'ont rencontrée, mais pour eux, tout roule. Il n'y a pas lieu de s'inquiéter. On l'aime bien Nadine, mais ce n'est pas nous qui allons savoir la ramener sur terre. La médecine du travail, c'est pas souvent qu'elle m'aide, ni moi, ni l'un de mes salariés. Carrément chère payée, une fortune pour nous. Pourtant, dans l'idée, je trouve ça super, une médecine dédiée. Faut juste qu'elle fasse vraiment le job…

Après ce jour-là, on nous a demandé de nous rendre chez un monsieur clochardisé à domicile. Une première, mais ça ne sera pas la dernière. Je vous laisse imaginer ce que ça veut dire « clochardisé à domicile ». Remarque, on pourrait penser que l'expression se suffit à elle-même et qu'il n'est pas nécessaire d'avoir de l'imagination pour comprendre de quoi il s'agit. Eh bien, je vous assure que si.

Ce monsieur, il n'avait pas attendu d'être vieux pour vivre comme ça. Ça faisait peut-être quinze ans, vingt ans, trente ans que tout chez lui finit par terre. Je ne vous parle pas d'un crado ordinaire, on en connaît tous un. Non, je vous parle de quelqu'un hors compét' !

Chez lui, pas de sac poubelle. La pièce est poubelle. Détritus, déchets, ordures restent là où ils sont tombés. Le sol en est jonché. Rien n'est lavé, rien n'est rangé non plus. Son domicile ressemble à une mini décharge publique. Ça dépasse toute compréhension. Si j'essaie de faire abstraction de tout jugement, pourquoi s'infliger ça ? Comment vivre comme ça ? Les voisins avaient bien compris qu'il y avait « un truc qui tournait pas rond chez ce type », comme ils me l'ont dit plus tard. Le peu de fois où ils le croisaient, il ne semblait pas net et il sentait mauvais (oui, il ne se lave pas non plus, ni lui ni le linge qu'il porte… faut imaginer ce que ça donne sur plusieurs années). Il y a souvent des cafards qui sortent de sous sa porte, évidemment. Il y avait eu des plaintes auprès du syndic de l'immeuble, mais ils étaient loin d'imaginer à côté de quoi ils vivaient (je parle de l'état de l'appartement, pas du Monsieur). En réalité, il n'y a pas que des cafards : il y a toute une faune qui vit là bien au chaud : asticots, mouches, souris…

Pour nos clochards domiciliés, tout se complique quand on a un pépin de santé. Si on ne peut plus faire seul, difficile de continuer à vivre à Poubelle Land. Faut rester autonome pour tenir à distance les autres, sans quoi y a toujours une assistante sociale qui finit par se pointer chez soi. Souvent, elle fait une demande de mise sous protection auprès du procureur de la République et généralement, c'est à ce moment-là qu'on nous demande d'intervenir. Le cadeau qu'on nous fait ! Bien sûr qu'on a envie de l'aider, là n'est pas le sujet. Si on n'aide pas quelqu'un comme lui, autant arrêter de faire ce boulot. Mais ce qui est délicat, c'est que ce monsieur a besoin de vivre comme il vit (ne me demandez pas pourquoi, je ne suis pas psy). Lui, il ne veut pas de nous chez lui. Mais comme il n'est pas complètement déconnant, il y a de la raison et de la cohérence dans sa façon de percevoir les événements (lesquels, je ne sais pas, mais y en a). Il comprend bien que maintenant, il ne peut plus faire ses courses et que sans aide, il va crever de faim entre quatre murs. Alors à contrecœur, il accepte qu'on vienne.

De notre côté, va falloir expliquer à une de nos aides à domicile qu'elle va intervenir dans une poubelle, au sens propre. Vraiment, un appart qui sert de poubelle géante pour abriter les déchets de toute une vie. Et encore, dans une poubelle, normalement, il n'y a pas d'excréments. Là, je ne sais pas ce qu'il a foutu, y en a par terre et sur les murs. Il faudra qu'elle fasse bien attention, sans quoi elle risque de tomber tant le sol est jonché de… J'ai pas les mots, mais si vous saviez, ça vous soulèverait le cœur. Je vais lui dire de venir avec des bottes en caoutchouc. Elle risque de ramener des cafards et des punaises chez elle (plus tard, l'une d'elles attrapera même la gale). Je vous laisse imaginer l'odeur, l'air y est irrespirable…

On explique tout ça à la pauvre aide à domicile sur qui ça tombe. On lui dit qu'on comprendrait qu'elle refuse, mais qu'il faut bien venir en aide à ce monsieur. On la rassure comme on peut : « Vraiment, on n'attend pas de vous que vous remettiez l'appartement en état, juste si vous voulez bien passer tous les jours et lui faire les courses et son repas, déjà ça serait formidable ! » Plus tard, lorsqu'il sera nommé, si le tuteur arrive à convaincre son protégé de laisser une entreprise spécialisée karchériser l'appartement, alors, oui, après, la mission de l'auxiliaire sera de le garder propre, mais là évidemment, on sait bien que ce n'est pas possible. La pauvre aide à domicile, quand on lui dit tout ça, souvent elle ne veut pas y aller, chez ce monsieur. Alors on demande à une autre, et encore à une autre. Par chance, il y en a toujours une qui a pitié de nous, de lui, et qui dit oui... Et là, pour elle et nous, c'est le début de grosses, de très grosses galères.

Cette fois, c'est Nadine qui a dit oui. Quand je vous disais qu'elle avait bon cœur. Elle passe une heure chaque midi auprès de lui à faire ce qu'elle peut. Parfois, lorsqu'il ne manque de rien à l'intérieur, il décide de ne pas lui ouvrir. Il pense que s'il fait le mort lorsqu'elle sonne, Nadine passera sa route. Bien sûr, c'est tout l'inverse qui se produit. Elle tambourine à la porte, elle nous prévient que personne ne répond. On s'inquiète à notre tour, on appelle. Comme le monsieur ne répond pas non plus au téléphone, on prévient les pompiers. Les pompiers se déplacent, et quand notre monsieur à l'intérieur comprend qu'ils vont casser la porte pour entrer, il ouvre… Faut mesurer toute l'énergie que ça demande et le nombre de personnes que ça mobilise, les gens devenus clochards dans leur appart.

Nadine, de toute les aides à domicile que nous avons recrutées, c'est une des plus singulières. Une perception de la réalité très particulière. Une vraie gentillesse en même temps, beaucoup de dévotion aussi, mais complètement perchée. Tout le monde ici redoute de l'avoir en ligne car rien dans ses propos ne semble cohérent.

– Allô ? C'est Nadine, je suis malade, j'ai mangé des criquets (là, elle commence seulement à se chauffer). Je vous appelle pour Madame Tali qui est tombée par terre hier. Elle est restée longtemps au sol. Elle aurait besoin d'une auto-alarme (comprenez : « télé-alarme »). Mais elle n'a pas les moyens : un détecteur de fumée, ça coûte moins cher. Vous savez, ça fait beaucoup de bruit ! Comme ça, la dame pourra ramper jusqu'au mur pour le déclencher. Ou bien un portable dans un étui à lunettes autour du cou ? Vous voyez le plus pratique.

Sébastien tente de comprendre de quoi elle parle.

– Mais, Nadine, si la dame tombe, il n'y aura pas de fumée ?

– Mais si, il faut l'installer près du sol !

Voilà, elle est lancée. Elle enchaîne :

– Mon retard, c'est la faute de Timothé ! Il m'a mis Madame MOLTONEL, comme le papier, mais ça chie pareil. J'ai essayé de lui dire pourtant ! En plus, dans les bus y a plein de Barbie (comprenez : de belles dames bien habillées) qui vous regardent de leurs yeux (la Barbie a des yeux) et ça vous fait louper la station ! Moi, je pense que la dame, elle fout rien de sa journée et en plus, elle râle quand je suis en retard !

Je rappelle que Nadine est salariée, ma salariée… J'ai écrit à nouveau une jolie lettre à la médecine du travail parce que, quand même, je suis inquiète. Mais non, elle peut continuer à bosser Nadine, même si elle se rend chez des gens plus fragiles qu'elle et qu'elle tient la plupart du temps des propos incohérents.

– Fouzia, faut faire attention si vous allez aux urgences habillée comme vous êtes, ils vont vous prendre pour une sans-abri, ils risquent de vous voler des organes.

Fouzia qui se fait toujours toute jolie quand elle vient bosser… Heureusement qu'elle a appris à ne se formaliser de rien, notre Fouzia. En même temps, même si on ne comprend pas sur quelle planète elle vit, elle a une vraie générosité, Nadine. Elle dit des trucs blessants, les mots sortent de sa bouche sans filtre, mais elle prend soin des gens qu'on lui confie. Ce monsieur dans un état pareil, ça lui fait de la peine. Vous savez, en vrai, je devrais refuser de l'y envoyer. C'est le monsieur en charge de la prévention des risques et accidents de travail de la Caisse primaire d'assurance maladie qui me l'a dit. Il paraîtrait que le Code de la sécurité sociale et du travail m'interdit de m'occuper des clochards qui habitent en appartement. Enfin, moi, je peux y aller si je veux parce que je suis patron, mais j'ai pas le droit d'y envoyer un employé. Non, un salarié ça doit bosser dans des conditions suffisantes d'hygiène et de sécurité et là, la situation que je lui décris ne répond en rien à ces deux exigences (sans blague !). En cas de problème, j'engage ma responsabilité civile et pénale. D'accord, alors on fait quoi ? On n'y va pas ? On laisse ce monsieur crever ? C'est moi qui y vais tous les jours, même si c'est pas mon job ? L'avantage, c'est que si c'est moi qui me blesse, le Code de la sécu s'en fout. Comment c'est possible que je risque tout ça, juste parce que je veux aider quelqu'un ?

Et comme ce n'est pas suffisant, il y a l'infirmière de ce « pas net, net ». Elle aussi est complètement à la ramasse. Elle prend des photos de l'appartement et balance ça au Tout-Paris par mail. Pas de bol, habituellement, elles comprennent bien nos difficultés les infirmières, on bosse bien ensemble. Elle, je ne la connais pas, visiblement elle a des comptes à régler, elle veut se faire la peau de quelqu'un et c'est sur nous que ça tombe. Elle se garde bien de préciser dans ses mails que l'appartement est dans cet état depuis trente ans, d'ajouter que le monsieur ouvre sa porte une fois sur deux, qu'il hurle sur l'aide à domicile si elle ramasse la moindre chose. Quand elle balance ses photos, cette infirmière, elle dit quoi ? Elle prétend qu'on n'en a rien à foutre de laisser quelqu'un vivre dans des conditions pareilles. Elle dit qu'on est des connards, quoi ! Et moi, j'ai envie de hurler et j'ai peur aussi. J'ai peur que des gens la croient : je veux bien bosser dans l'ombre et n'en tirer aucune gloire. Nadine ne recevra jamais de médaille pour le service qu'elle rend à la collectivité et qui dépasse de loin ce pour quoi elle a signé. C'est intégré pour elle aussi. Mais si on devient les salauds de l'histoire, alors là, non ! C'est quand même un truc de dingue : faire de son mieux, prendre des risques pour venir en aide à quelqu'un qui nous complique la vie et ne nous laisse pas faire notre boulot (en plus, ce quelqu'un n'aura pour nous absolument aucune reconnaissance, c'est pas grave, on ne le fait pas pour ça non plus), et qu'on puisse nous désigner comme les méchants. J'embarque toute mon équipe dans cette galère, Nadine accepte de travailler dans des conditions pareilles chaque jour (bénie soit-elle !) et on se fait littéralement défoncer au lieu d'être canonisés. Bon, OK, on canonise pas les patrons, eux, ce sont des salauds, ils sont là pour le fric évidemment (depuis que j'en suis devenue un, je vois bien le regard qu'on pose parfois sur moi), mais Nadine, même complètement perchée, comment ne pas la trouver formidable ?

Alors, les fois où Seb lui dit : « Voilà, Nadine, il faut intervenir dès le 31 mai au domicile de Madame Des. Le dernier mardi du mois de mai » et que soudain, un éclair de lucidité la traverse et qu'elle s'écrie : « Ah bon ! La fin du mois, ce n'est pas le 28 mai ? » et que, décontenancé (pour ne pas dire désespéré), Sébastien répond : « Euh, non, ce sera le 31 mai, comme chaque année, en fait », pour se consoler, on se rappelle qu'elle ne laisse pas tomber le monsieur clochardisé. Ça nous aide, mais ce n'est pas gagné quand même…

Une nouvelle façon de penser le social

Pauvre Seb. Il doit prévenir Madame Ny que Charlotte part en vacances. Rien que ça, ça va être compliqué, mais là où on va se marrer, c'est qu'il doit lui expliquer que durant l'absence de son aide à domicile habituelle, c'est Nini, l'aide à domicile remplaçante, qui va venir chez elle. Ça ne s'invente pas des situations pareilles !

– Madame Ny, vous vous rappelez que Charlotte va partir en vacances bientôt ?

– Monsieur Sébastien, je voulais vous dire, le soir j'éteins la lumière de mon salon pour économiser et j'observe par la fenêtre la vie de mes voisins d'en face. Vous savez, on voit tout ! Il y a même des gens que je vois faire l'amour... C'est incroyable ! Ils font ça sans arrêt, sans arrêt ! C'est fou, quand même, de faire ça aussi souvent !

Il est carrément mal barré, Seb.

– Madame Ny, je vous parle de la remplaçante de Charlotte.

– Et quelquefois, c'est d'autres personnes qui font l'amour chez mes voisins et je vois tout !

– Madame Ny… Madame Ny ?

– Oui, c'est moi, je suis Madame Ny.

– Oui, je sais, Madame Ny, c'est Sébastien. Alors la personne qui va venir pendant l'absence de Charlotte, c'est Nini.

– Oui, c'est moi, Madame Ny.

– Oui, je sais, mais elle, celle qui va venir, elle s'appelle Nini.

– Non, Ny, je m'appelle Ny, pas Nyny.

Je ne me rappelle plus combien de temps a duré cette communication. Nous étions tous pliés en quatre à écouter Seb expliquer à la vieille ninja que « oui, vous c'est Ny, mais la dame qui va venir à la place de Charlotte, c'est Nini ». Lui non plus il n'arrive pas à ne pas rire. Il a fini par raccrocher, mais la dame n'a toujours pas compris qui venait. Et puis pourquoi lui envoyer quelqu'un d'autre, elle a déjà Charlotte ?

C'est le côté sympa du manque de place : on vit les histoires de chacun. Et puis Seb m'envoie souvent des mails dans l'instant quand il a des échanges hallucinants, des fois que je n'aurais pas entendu !

Le vieillissement de la population sans précédent dans notre pays et la crise économique que nous traversons ne semblent pas être la bonne combinaison. Dans ce contexte, assurer une politique sociale durable et juste permettant le soutien à domicile pour tous ne semble pas gagné. Pourtant, je suis certaine que cette conjoncture difficile peut permettre l'émergence d'une nouvelle façon de penser le social, de réfléchir à des pratiques nouvelles, d'inventivité, de créativité au service de la population la moins favorisée.

Jocker est dans nos locaux, elle assure une formation. Ma mère et elle se débrouillent pour les caler quand Elvire bosse avec nous, comme ça elles déjeunent ensemble. Joker, c'est un personnage. Bavarde et pétillante, elle vit ce qu'elle dit. Il faut la voir en formation, elle donne tout ! Ses interventions sont de véritables petits shows. Elle fait toujours de grands gestes, et quand elle réfléchit, qu'elle est concentrée, qu'elle écoute intensément, elle rassemble ses cheveux avec ses mains au sommet de sa tête formant ainsi une petite couette et elle garde la pose. L'écouter, c'est comme regarder Fabrice Luchini. Donnez-lui une réponse intelligente, posez une question pertinente et un « ouiiiiiiiiii ! » aigu et très long sort de sa bouche. Pour souligner l'importance de l'un de ses propos, elle articule comme s'il s'agissait d'un exercice théâtral, insistant sur chaque syllabe et dans le même temps, ses doigts partent de sa bouche et s'acheminent vers les personnes qui l'écoutent pour accompagner les mots du creux de ses mains, jusqu'aux oreilles des aides à domicile. C'est une drôle de petite femme. Avec elle, impossible de faire semblant. Durant ses formations, elle les veut toutes à elle, impliquées et attentives. Cela fonctionne, l'intérêt et le respect qu'elle porte à l'autre se ressentent dans chacune de ses phrases.

Notre Jacqueline a pris sa retraite. C'est Aurélie qui la remplace. Toute mignonne, efficace, elle a vite trouvé sa place. Depuis, c'est Aymeric qui corrige toutes mes fautes. Jacqueline avait hésité longtemps et puis elle m'a dit : « Dafna, je travaille depuis toujours, je crois qu'il est temps pour moi de m'arrêter. » Alors, pour ne pas la laisser complètement partir, je lui ai proposé de rejoindre ma bande de sexagénaires sur la question de la formation. Pas question de me priver de ces jeunes seniors. Elles ont la pêche, l'expérience, la maturité. Pourtant, pas simples à garder : elles ont besoin de liberté, de temps, de flexibilité, sans quoi ça ne servirait à rien d'être à la retraite. Pour moi, il n'y a pas de sujet, elles s'organisent comme elles veulent, quand elles veulent. Le tout, c'est que le job soit fait avec des moyens restreints. Elles sont top ! À leur petite équipe se joint Sylvie, naturopathe. Les aides à domicile n'ont jamais un temps pour elles. Elles jonglent entre boulot usant et responsabilités familiales. La formation de Sylvie, c'est « réapprendre à prendre soin de soi pour prendre soin des autres », ça fonctionne !

*

Comme elle est en formation, Marie profite de la pause pour venir me voir. Elle est bien remontée quand elle entre dans mon bureau :

– Dafna, il y a des gens qui ne veulent pas que nous fassions pipi chez eux ; on n'est bonnes qu'à nettoyer leurs toilettes, mais ça les dégoûte que nous les utilisions !

Elle n'est pas la première aide à domicile à me le signaler. C'est même arrivé à une femme enceinte.

Compliqué pour certaines personnes d'intégrer que leur domicile est aussi le lieu de travail de leurs intervenantes. Quand on pense à toutes les contraintes liées aux conditions de travail en établissement et toutes les galères que vivent les auxiliaires à domicile… Vous imaginez un inspecteur du travail faisant le tour de chaque appartement et les fermant pour non-conformité ? On n'aiderait plus grand-monde. Deux mots qui résumeraient tout : « injonction contradictoire » ! Le cadre législatif dit une chose, la réalité en dit une autre et nous, on jongle. Je comprends Marie. Elle ne compte pas en rester là. Déléguée du personnel depuis quelques mois, elle a compris que le patron, c'était pas vraiment moi sur ce coup. Non, le patron, ce sont les gens, et elle et moi on va bosser main dans la main pour faire bouger les lignes, améliorer les conditions de travail de l'équipe.

Pour nous non plus, ce n'est plus tenable. Plus de place, du bruit et de l'animation sur chaque mètre carré. Heureusement, on déménage ! J'ai trouvé quelque chose de bien plus grand toujours dans le XIIe, un ancien pressing. Il y avait des travaux de dingue, mais c'était dans nos prix. Nous avons géré le déménagement nous-mêmes pour économiser le coût d'une entreprise : Tim, Fouzia, Aurélie, Aymeric, Sébastien, Sophie, Eve, Caro sont là. Mon père et celui de Sophie se sont rendus disponibles, le mari de Fouzia et l'un de ses fils aussi.

Et voilà, nous avons à présent chacun notre place et notre propre espace de travail, pour le moment… mais il y a de la casse dans tout déménagement. Notre Muppet ne trouvera jamais seul nos nouveaux locaux, fini le vieux monsieur acariâtre sur le canapé vert, d'autres prendront sa place…

*

– Dafna, rappelle Roger. Madame Sasson est tombée, elle est transportée à l'hôpital.

Ce n'est pas sans danger de prendre ses rêves pour la réalité. Entre deux de nos passages, alors qu'elle était seule, Flore s'est levée de son fauteuil. Elle a dû faire quelques pas et puis la vie réelle s'est abattue de tout son poids sur les épaules de la vieille dame. C'était trop lourd pour elle. En tombant, elle s'est fracassé la tête contre le radiateur en fonte. L'aide à domicile l'a retrouvée inconsciente dans une flaque de sang quelques heures plus tard. Quatre ans déjà que nous accompagnons Madame Sasson et jamais elle n'a bougé seule de son fauteuil. Je ne sais même pas comment c'est possible.

Roger croit qu'il y a plus de peur que de mal: « C'est très impressionnant mais il ne s'agit que de quelques points et d'un bel hématome… Ils la gardent en observation. » C'est ce que lui a dit le médecin. Il se trompe.

Depuis, il se rend chaque jour auprès d'elle. Elle semble se rétablir, il n'en est rien. Sa chute a provoqué un hématome au cerveau, préparant l'irréversible. Son extrême fragilité ne lui permet pas d'être opérée. Il faut attendre. J'appelle mon vieil ami chaque jour, je sais son désarroi. Il aime Flore, mais pas seulement. Il n'y a plus qu'elle qui l'ait connu jeune homme. Qui sait qu'il a été autrement que vieux monsieur? Comment ça fait quand tous nos anciens sont partis, que plus personne ne nous a connu enfant? Une vieille personne, c'est comme une poupée russe. Elle porte en elle, à l'intérieur, tous les âges de la vie. Mais nous, « les nés après », « les bien plus tard », nous ignorons tout du petit garçon, du jeune adulte, qu'était Roger. Flore est le trait d'union entre présent et passé. Et puis, pour Roger, ça met du sens à son existence de lui être utile, indispensable…

Lorsqu'elle partira demain, dans une semaine, dans un mois, je sais que je le rejoindrai là où il se trouvera. C'est du moins ce que je prévois de faire. Je ne sais pas que cela me sera impossible, que je serai alors ailleurs, assommée, dévastée, désemparée, désespérée.

Madame Rolnik est tombée

Aurélie a fait un super planning à Rolna. Un truc top, sans coupure inopinée, toutes ses prestations sont dans un même quartier. Elle peut tout faire à pied. Elle a négocié dur avec tout le monde pour ça. Oui, parce que si on écoutait les gens, on aurait autant de salariés que d'aides aux repas. Eh oui, tout le monde veut manger à midi : pas 11h30, pas 13h, non, midi ! Le Code du travail, les personnes accompagnées s'en cognent : « Comment ça, vous devez mettre en place une pause d'une demi-heure pour que la femme de ménage mange aussi ? » (problème de sémantique qui en dit long sur la perception des gens de nos métiers). La réalité, c'est que Rolna ne prend pas cette pause. Souvent, elle mange avec Madame Laurent, c'est la dame qui lui a demandé, c'est moins triste que de manger toute seule. Et que ferait Rolna une demi-heure dans la rue ? Elles sont nombreuses à faire comme ça. En même temps, « vous n'êtes pas payés pour que l'aide à domicile déjeune avec ma mère ! » « C'est vrai, mais si elles ne déjeunaient pas ensemble, je n'aurais personne de disponible pour faire le repas de votre maman. »

Aurélie a tout expliqué, elle n'a rien lâché. L'emploi du temps est parfait, on pourrait l'encadrer et l'accrocher au mur (c'est ridicule dit comme ça, mais nous on vit, on pense, on dort planning !). Elle a un temps plein, elle bosse du lundi au vendredi, c'est top. Faut dire qu'elle a bien galéré avant qu'on y arrive. Faut la voir, Rolna, se rendre chez les personnes qu'Aurélie lui confie. La douceur, la vigilance l'indulgence aussi qu'elle met dans chacune de ses interventions. On est super contents qu'elle ait enfin un bon planning, ça tient quelque temps, et patatra, voilà que le premier monsieur de sa journée est hospitalisé. C'est LE gros casse-tête des emplois du temps, pire que Tetris. C'est Aurélie qui s'occupe maintenant de Madame Bula, elle ne sait plus comment venir en aide à Marie qui s'épuise elle aussi. J'ai eu beaucoup de chance lorsque je l'ai recrutée cette toute jeune femme, un cadeau de Pôle emploi.

*

– Je suis désolée, Doris, je vous ai fait venir pour rien. Habituellement, chaque matin, une aide à domicile s'absente sans que cela soit prévu. J'étais certaine de vous confier un remplacement, mais là, il n'y a personne d'absent !

Doris est sidérée ; moi, je suis vraiment très embêtée de lui faire perdre son temps, mais là n'est pas le problème.

– La même personne s'absente chaque matin sans même vous avertir et vous la gardez encore dans votre équipe ? Ce n'est pas très sérieux, Dafna, faut pas vous encombrer de gens comme ça. C'est vous la patronne, vous avez une boîte à faire tourner.

Je la regarde un instant les yeux écarquillés… Sourire aux lèvres, j'explique à Doris que ce sont chaque matin des collègues différentes qui s'absentent. Sa confusion la fait rire aussi. Pas longtemps…

C'est la journée des mauvaises nouvelles. Madame Rolnik est tombée. A priori, elle ne s'est pas loupée. Elle est transportée aux urgences. Elle nous en a dégagé, des auxiliaires de vie. Au bout de quelques semaines, quelques jours, elle appelait Fouzia pour lui expliquer pourquoi elle ne lui ouvrirait plus la porte, mais bon an, mal an, on a tenu bon. Et puis Fouzia lui a envoyé Mila. Avec elle, elle a eu beau faire, elle n'a pas pu s'en débarrasser. Elle lui est rentrée dans le cœur et voilà un an qu'elle se rend auprès du couple tous les jours.

Avec le temps qui passe, la maladie a bien bossé. Madame Rolnik est très différente de la personne que j'ai rencontrée quelques années plus tôt. Elle ne sourit plus. Elle ne peut pour ainsi dire plus bouger. Non pas que son corps ne lui obéisse pas, mais c'est ce foutu air qui lui manque. Sa bouteille d'oxygène la maintient en vie, mais elle s'asphyxie quand même. Son médecin veut l'hospitaliser depuis un moment, mais elle refuse catégoriquement. Pour quoi faire, ils ne peuvent rien pour elle. Alors elle reste là, immobile à chaque fois que le quotidien le lui permet, la télé pour l'y aider. Monsieur Rolnik est lui aussi prisonnier bien qu'en bonne santé. Assigné à résidence, tout près d'elle. En plus, la maladie l'a rendue irascible, alors il s'en prend plein la tête. Une fois, il s'est échappé, et comme il n'a plus d'amis depuis le temps qu'il a disparu de la circulation, il est venu au bureau. Il ne savait pas bien ce qu'il faisait là. Il était tellement mal, tellement désemparé. On a bu un café, je l'ai écouté et je l'ai raccompagné chez lui, je suis montée embrasser sa femme, parler un peu avec elle.

*

– Madame Lampi, je vais changer votre auxiliaire comme vous me l'avez demandé. C'est Olga qui va venir chez vous la prochaine fois. Vous allez voir, elle est formidable. C'est l'une des meilleures aides à domicile de notre équipe.

Sébastien, en ligne lui aussi, tente d'expliquer un changement à l'une des dames qu'il accompagne sur le XXe.

– Oui, oui, j'ai vu qu'elle avait changé. Elle est plus gentille avec moi que l'autre.

– Euh, non, c'est encore l'ancienne. Celle qui est venue aujourd'hui, c'était la même que les autres jours, je n'ai rien changé encore.

Cette dame ne perd jamais tout à fait le nord et se fout complètement de ce que Sébastien a à lui dire.

– Ça tombe bien que vous m'appeliez, je retourne voir le médecin. Je crois que je vais être hospitalisée, mais qui va s'occuper de mon chat ?

– Bon, je vais voir ça.

Madame Lampi et son chat, un truc de dingue, impossible d'assurer le maintien à domicile de l'une sans la prise en compte de l'autre.

– Vous êtes bien aimable Sébastien !

Déjà, elle ne l'appelle plus Jérôme… je crois qu'on avance.

Je suis au téléphone avec Madame Nalou. Elle tient absolument à me signaler que cette année, elle fera le ramadan à l'envers : elle jeûnera la nuit et mangera en journée. Moi, je lui dis qu'il n'y a aucun souci, elle peut faire « tout comme elle veut ». Je crois qu'elle n'est même pas musulmane, cette dame. C'est pas mal comme formule, dommage que ce soit pas celle choisie par le prophète, ça aurait été plus simple pour les musulmanes de l'équipe. Elles sont nombreuses à ne pas manger durant 40 jours, pas simple avec le boulot qu'elles font…

En vrai, j'ai l'esprit ailleurs. Je pense à Madame Rolnik. Elle aurait pu agoniser comme ça encore longtemps, pas d'espoir de guérison et la maladie qui prend son temps, comme un chat qui a chopé une souris. Pas un chat comme celui de Madame Lampi (le chat de Madame Lampi, c'est un gros pépère qui passe son temps à bouffer, faut dire que sa maîtresse passe son temps à le nourrir…) ; non, un vif, un chasseur. Il la tient entre ses griffes mais il ne la bouffe pas tout de suite. Il s'amuse encore un peu avec elle, jusqu'à ce qu'il se lasse. Pour finir, il ne la croquera même pas, il la laissera là, expirer, souffrante, jusqu'à ce que la faucheuse la prenne en pitié. La mort, dans ces cas-là, je la trouve moins salope ; elle a presque le beau rôle quand elle se pointe. Mais la connasse n'a pas l'intention de s'inviter tout de suite.

Lorsque je raccroche, Elvire me dit qu'elle ne voudrait pas vivre comme ça.

– Tu m'entends, Dafna, moi, je me bagarre pas. Et s'il faut me débrancher, tu me débranches.

Depuis le temps qu'elle bosse avec moi quelques jours par-ci, par-là, forcément, elle en a des occasions de me le répéter. Elle n'en loupe aucune, des fois que j'aurais pas retenu la première fois. Elle n'a toujours pas compris, ma mère, que pour elle, la question ne se poserait jamais. La mort n'a pas voulu d'elle au premier soir de Roch Hachana et les chirurgiens lui ont fait un cœur tout neuf. La maladie n'a pas pu s'installer, c'est la preuve qu'elle est inscrite dans le livre de la vie pour un bon moment (j'ai tellement peur pour elle maintenant que je me rassure comme ça). Et puis pourquoi elle me dit ça ? Madame Rolnik était sous oxygène, elle n'était pas maintenue en vie par je ne sais quelle machine jusque-là.

Timothé ne parvient pas à joindre Solhia. Il doit lui dire de ne pas se rendre chez la personne suivante. À la place, il veut lui confier quelqu'un d'autre.

– Bonjour Madame, c'est Timothé. Je suis désolé de vous déranger, je cherche à joindre Solhia. Elle ne répond pas à son portable.

– C'est normal, jeune homme, elle passe l'aspirateur dans ma chambre, elle ne doit pas l'entendre sonner. Je vais vous la passer.

En ouvrant la porte de sa chambre, la vieille dame trouve l'aspirateur en marche mais abandonné, l'aide à domicile allongée sur son lit !

– Vous avez bien fait d'appeler, jeune homme ! Mais moi c'est terminé, vous ne m'envoyez plus la Belle au Bois dormant à mon domicile, elle ira faire sa sieste sur le lit d'une autre personne !

Autant vous dire que Tim est mort de honte, il ne sait même plus pourquoi il l'appelle…

*

– Ça va mal, Dafna, faut venir vite. Vous allez être choquée, Dafna, elle souffre beaucoup…

Monsieur Rolnik est en train de perdre sa femme, et c'est lui qui me ménage… Je suis venue vite. Elle est en soins intensifs. Il y a des tuyaux qui lui sortaient des bras, des patchs collés à sa poitrine, des machines autour d'elle, des bips, des bruits et une valse de soignants qui rajoutent des liquides dans les machines. En tombant, elle s'est frappé le front. Le sang a coulé dessous la peau, elle peut à peine ouvrir les yeux, ça lui fait deux énormes cocards. Le combat, c'est pas seulement au sens figuré. On dirait un vieux boxeur, elle a tout donné sur le ring, mais là, ça y est, plus de force, le match est fini. Il faut que tout ça se termine. Elle est encore consciente mais un masque lui couvre la moitié du visage. Elle ne peut pas parler. « Je suis tellement désolée de vous voir comme ça, Madame Rolnik. » Son calvaire va pourtant durer encore quelques jours.

La mort à l'hôpital

Fouzia est en ligne avec la mère de Samuel, le jeune homme tétraplégique. Elle est super en colère parce qu'on n'enverra bientôt plus personne. Il lui faut trouver une autre solution. Son fils sait bien pourquoi on arrête, mais il nous a fait promettre de ne pas lui dire. Fouzia tient bon, elle s'en prend plein la tête, mais elle ne lâchera rien : « Écoutez, je comprends votre colère et votre désarroi, mais votre fils est majeur, c'est à lui qu'il faut demander. » En plus, Fouzia, avec la pudeur qui est la sienne, préfère mourir que de lui dire. Jamais vous n'entendrez dans sa bouche les mots pénis, érection, masturbation. Elle n'a pas été élevée comme ça.

La souffrance de cette mère me brise le cœur, peut-être encore plus que son fils malade. Elle est comme mon reflet. Mes grossesses, la naissance de mes filles, les premiers mois de leur vie avaient été une parenthèse incroyable. En fusion complète avec mes bébés. La maternité reste pour moi un sentiment mêlé d'une infinie nostalgie, d'émotions d'une inimaginable intensité et d'une très grande fatigue aussi. Nous nous lovions l'une contre l'autre. Mes bras ne m'appartenaient plus, leurs têtes enfouies dans mon cou, leur souffle chaud sur ma peau, l'odeur du lait maternel qui se dégageait d'elles et de moi. Je n'étais plus à moi, je n'avais plus de temps et d'espace rien qu'à moi, pas assez de sommeil, inquiète et vigilante, je ne vivais que pour elles. Et puis le temps faisant bien son travail, tout doucement, mes petites ont grandi. Elles apprirent à ramper, marcher, manger, seules… Leur père et moi jamais très loin, elles, petit à petit, m'apprenant à leur permettre de devenir autonomes. Mes filles, l'une après l'autre, ne se laissèrent plus être « mon unique univers ». Avec les mois et les années, elles se sont construit une vie en dehors de moi et j'ai repris possession de mon temps et de mon existence. Leur soif de liberté nous dé-fusionnait et d'unique, nous devenions deux. Cela s'est fait tranquillement, sans violence, sans déchirement. Mais, pour cette femme, rien ne s'est arrêté. Elle avait continué à nourrir, changer, laver le corps de Samuel, ne permettant jamais cette progressive émancipation. Elle n'avait jamais repris possession de sa vie à elle.

Dan déjeune avec moi ce midi. Il me rejoint au bureau. Il est comme ça Dan, il ne peut pas passer trop de temps sans me voir. Enfin, façon de parler. Sa vue baisse. Aujourd'hui, il arrive avec un énorme bleu sur le front, ses lunettes raccommodées avec du sparadrap. « Je ne te l'ai pas dit, je voulais pas t'inquiéter, j'ai pas vu le mur, je suis rentré dedans franco, j'ai cassé mes lunettes. J'ai rendez-vous chez l'opticien après notre déjeuner pour les changer. » Je n'ose pas dire à mon père que c'est peut-être une dépense inutile. Si avec il ne voit même pas les murs, à quoi servent-elles ? L'autre jour, il est monté dans sa voiture (côté passager, bien sûr), il a claqué la portière et il a dit à Marie-Christine : « Allez, c'est bon, on y va ! » Sauf que ce n'était pas sa voiture et que côté conducteur, il y avait une dame qu'il ne connaissait pas. Par chance, elle n'a pas eu peur, elle a compris qu'il s'était trompé. Marie-Christine était garée juste devant. Ça ne doit pas être simple tous les jours le quotidien de Dan, mais il a vachement d'humour, alors même si ça me désole, ça me fait aussi beaucoup rire.

Nous avons déjeuné rapidement parce que j'ai promis à Monsieur Rolnik de l'accompagner, lui et sa belle-sœur, en voiture à l'hôpital. Ses deux garçons sont près de leur mère depuis le matin. Il aurait pu prendre un taxi, cette histoire de voiture n'est qu'un prétexte à ma présence.

À notre arrivée, Madame Rolnik dormait. « Les constantes sont bien meilleures, ça va aller », lui ont dit ses fils lorsque nous sommes arrivés. C'est vrai qu'elle a l'air paisible. Comme ils sont déjà là depuis plusieurs heures, ils s'absentent un peu, partent prendre l'air.

Je voulais repartir vite moi aussi. Être taxi ça me va, plus ce n'est pas ma place, mais…

– Dafna, vous pouvez rester quelques minutes avec notre père et notre tante, pour ne pas les laisser seuls ? On revient tout de suite.

Je dis oui.

Mais on ne la lui fait pas, à Monsieur Rolnik. Il y a une trentaine d'années, il a vu mourir sa mère puis, plus tard, son père. Tous les deux ont été malades très longtemps. Il sait comment ça se passe. Il n'a rien dit devant ses fils, mais il a compris.

– Dafna, ce n'est pas bon. Quand on est dans cet état et qu'on semble aller mieux, c'est que c'est fini…

Il venait d'achever sa phrase lorsque le médecin de sa femme est arrivé. Il était entouré de tout un tas d'étudiants. Il s'est adressé à lui avec beaucoup de douceur, lui demandant s'il comprenait ce qui était en train de se passer.

– Votre épouse ne dort pas. Elle a sombré dans un coma dont elle ne sortira plus, elle est en train de mourir.

Mince, mince, mais pourquoi c'est moi qui suis là ?

L'infirmière a enlevé le masque du visage de Madame Rolnik. « Mais non, mais non, ses garçons vont bientôt revenir, faites pas ça. » Mais la mort a déjà commencé le job. Masque ou pas masque, branchée ou débranchée, elle a décidé que cela suffisait, un peu de pitié. Elle n'attend pas que les fils reviennent. C'est la première fois que je la vois travailler.

Je n'en mène pas large mais j'ai un truc : tant que je sers à quelque chose, je résiste bien au coup et là, je peux encore être utile. La mort et moi, cette fois, faisons équipe. Plus question de retenir Madame Rolnik, mais tant qu'elle est en vie, je ne la laisserai pas seule. Je vois que Monsieur Rolnik est complètement sonné, mais pas le moment de flancher. Sa femme n'est pas morte, pas encore. Faut pas la lâcher maintenant. Alors je pars chercher deux chaises. J'installe d'abord la vieille dame tout près d'elle. Je prends la main de ma « sans souffle » pour la glisser dans celle de sa grande sœur. Que faire d'autre que d'entourer celle qui part des gens qu'elle aime ? Son époux est sans force. Il ne peut pas, il n'en peut plus… Alors, c'est moi qui prends sa main dans la mienne, et dans mon autre main, je serre fort celle de sa femme.

Et on est là, tous les quatre. Je fais quoi maintenant ? Ça aurait été bien pratique si on avait cru en

Dieu. On aurait fait des prières, on aurait su quoi dire, quoi faire. C'est très pratique de croire, j'envie les convaincus. Ça met du sens et si on ne comprend pas pourquoi ça nous arrive, on se rassure : Dieu a forcément un plan. Et on se retrouvera à un autre moment, sans souffrance, sans douleur, les derniers seront les premiers, un truc formidable, je signe tout de suite ! Je ne me moque pas, c'est sincère. J'envie les croyants, mais Brassens l'avait chanté : « *La foi viendra d'elle-même ou elle ne viendra pas !* », et moi je l'attends encore.

De longues, de très longues minutes s'écoulent ainsi. Je regarde l'énorme poitrine de Madame Rolnik se soulever très lentement puis retomber. Je ne sais pas véritablement quand la mort a eu fini son boulot. À un moment donné, tout son corps était immobile. Les fils sont arrivés. À leurs regards, j'ai compris qu'ils savaient déjà. Je leur ai laissé ma place. J'ai serré fort Monsieur Rolnik dans mes bras et je suis partie.

Hors de l'hôpital, bouleversée, des larmes plein les yeux, je réalise ce qui vient de se passer. Un sentiment de tristesse mêlé d'un peu de fierté : je ne me suis pas effondrée, je n'ai pas eu peur. Faut encore que j'annonce à l'équipe que Madame Rolnik vient de mourir. C'est pour Fouzia que ça va être rude, elle adore cette dame. La mort des gens, elle ne s'y résout toujours pas. Il y a quelques semaines, une aide à domicile lui a appris le décès de Monsieur Ténémou. Tout de suite, ma Fouzia a appelé son épouse pour la réconforter. Elle l'avait consolée : « Courage Madame Ténémou, on pense bien fort à vous. Si on peut faire quoi que ce soit, vous savez, on est là, vous n'êtes pas toute seule. » La dame pleurait beaucoup, c'est elle qui avait demandé à l'aide à domicile de nous prévenir : « Je n'avais pas la force de vous téléphoner. » Elle et son mari n'ont pas eu d'enfant. Lorsqu'ils ont commencé un peu à vaciller entre deux mondes (la dame, surtout, est bien confuse), un tuteur avait été nommé et nos services mis en place. « Je ne l'ai pas prévenu, vous pouvez vous en occuper ? » Fouzia a dit : « Mais oui, bien sûr. » Elle a appelé tous ceux qui s'occupaient du couple : le tuteur, mais aussi les infirmières, le kiné, la mairie qui livre le repas... Tout le monde était bien triste. Alors, quand Monsieur Ténémou a appelé au bureau quelques heures plus tard pour savoir quand son aide à domicile venait, on était tous bien surpris ! Il s'était absenté une demi-journée pour passer quelques examens médicaux. Rien de bien grave... Pour cette dame, en revanche, ce n'était plus du vacillement. On l'a perdue, elle est plus du tout dans notre réalité... C'est quand Fouzia a dû rappeler tout le monde pour dire que c'était une fausse alerte que c'était le plus drôle. Pas souvent qu'on peut dire que quelqu'un est ressuscité !

Ce que j'ignorais, c'est que la mort en live de ma protégée allait être pour moi comme une terrible préparation. Une répétition sordide, en quelque sorte. J'allais faire face, moi aussi, au plus dur, au douloureux, au redoutable.

« Y a tant d'amour… »

Quand j'ai reçu le SMS de Roger « Flore vient de nous quitter » dans la matinée qui m'annonçait le décès de la vieille dame, j'étais encore à l'hôpital. Un autre hôpital. Elvire était morte elle aussi cette même nuit. Pourtant j'étais là, et c'était arrivé quand même. C'était n'importe quoi cette histoire de Wonder Woman. Pauvre et dérisoire arme que de se persuader que rien de grave n'arrivera jamais. Trois jours qu'elle avait été transportée aux urgences et rien de ce que pouvaient faire les soignants n'aidait ma mère à aller mieux…

Nous l'avons entourée, on ne l'a pas lâchée. Elle me l'avait dit, Elvire, qu'elle ne se bagarrerait pas. Pourtant ils ont cherché, les soignants ; ils l'ont réanimée la dernière nuit lorsque son cœur a cessé de battre. Elle a dû hésiter un peu quand même,

Elvire. C'est sûr qu'elle ne voulait pas nous quitter pour toujours, alors elle est restée en vie mais inconsciente encore quelques heures. Le temps peut-être que nous lui disions adieu. Dieu, heureusement que je n'y crois pas finalement, j'aurais été trop en colère contre lui et la colère, ça ne sert à rien, ça n'apaise pas.

Nous étions là autour d'elle, Gad, Rachel et moi. Elle avait un tube dans la gorge et des fils partout, comme Madame Rolnik quelques semaines plus tôt. J'avais sa main dans la mienne et sa voix dans la tête : « Tu m'entends, Dafna, moi je ne veux pas vivre comme ça ! Tu me débranches. » La vérité, c'est que jamais je ne l'aurais laissée partir. Non, moi, c'était tout le contraire : faites tout ce que vous pouvez pour que je garde ma mère encore un peu, même si c'est pour pas longtemps. Maman, tu déconnes, t'as dit que Rachel serait ton bâton de vieillesse, mais pour ça faut que tu deviennes vieille ! Et pour vieillir, faut vivre. Tu peux pas partir maintenant, t'as pas fini le job. Moi, j'ai 36 ans, mais elle est jeune encore, 24 ans, c'est trop tôt pour perdre sa mère. Faut que tu sois là à son mariage, à la naissance de ses filles. Elle en aura deux elle aussi (t'en aurais été dingue). Pars pas maintenant, Gad aussi va devenir parent (tu les aurais adorés, eux aussi), il va avoir tout un tas de questions à te poser. Et t'as pensé à Lia et à Maayane ? On ne peut pas être une grand-mère formidable, prendre une place de dingue et partir comme ça. Reste !

J'avais tout un tas d'arguments encore pour la convaincre. J'étais prête à négocier dur, mais c'est pas comme ça que ça marche. La mort devait être avec nous dans la pièce, peut-être même que nous lui faisions de la peine. Faut dire que nous étions pitoyables tous les trois. Elle a compris qu'Elvire, si elle sortait de ce coma, ne serait plus jamais vraiment Elvire, alors elle a choisi pour moi et l'a emportée. J'avais jamais eu mal comme ça, une douleur incommensurable et incisive dans tout le corps, c'était comme si mon âme avait été battue à mort. C'est les mots les plus forts que j'ai trouvés pour décrire mon état, mais je les trouve encore trop doux.

Ensuite, tout est très confus. La terrible nouvelle s'est répandue au sein de la famille, des amis, comme dans la chanson d'Aznavour : « *Ils sont venus, Ils sont tous là… Y a tant d'amour, de souvenirs, Y a tant de larmes et de sourires, à travers toi, toi, (…) Que jamais, jamais, jamais, Tu nous quitteras…* », les Ave Maria en moins. Maman, t'en serais pas revenue du monde qui est venu pour toi. Plus tard, la synagogue était pleine à craquer. « Daigne accorder à leurs proches le courage et la résignation[18] . » Je n'ai jamais eu à me résigner avant. Je n'étais pas préparée à vivre « des

18. Kadich (prière juive).

ainsi soit-il ». Comment ça, faut lâcher prise, c'est pas moi qui décide ? Y avait des gens jusque dans la cour. Evidemment Fouzia, Jacqueline, Timothé, Sophie, Aurélie, Caroline, Aymeric, Sébastien, Sandrine, Marie aussi… ils étaient tous là, des larmes plein les yeux et le cœur en miettes.

Epilogue

Ma mère restera à jamais cette éblouissante jeune retraitée de 64 ans, énergique et lumineuse. Je dis ça mais j'aurais tant aimé connaître la très vieille dame qu'elle aurait pu devenir. Un jour, je serai plus âgée qu'Elvire. C'est étrange, dit comme ça : « Un jour, je serai plus vieille que ma mère. » Si vous me regardez bien, et même si vous ne la connaissiez pas, vous la verrez en moi. Elle m'habite depuis son départ. Ça n'efface pas la douleur de son absence, mais ça console un peu. Je n'ai pas la foi, mais j'espère que ceux qui l'ont pour moi sont dans le vrai, qu'elle et moi, on se retrouvera.

Je déteste qu'un récit se termine ainsi. On s'attache à un personnage, il suscite en nous de la tendresse et lorsqu'on le connaît bien, qu'on l'aime vraiment, il nous le flingue. L'auteur n'aurait pas pu faire en sorte que tout se finisse bien ? Il est obligé de nous rétamer le cœur comme ça ? Et voilà que je fais pareil.

Oui, mais moi, je ne pouvais pas vous raconter toute cette histoire autrement, parce qu'elle s'est vraiment passée comme ça. Enfin comme ça, ceux qui étaient là – Timothé, Fouzia, Sébastien, Sophie et tous les autres – vous diront qu'il y a quelques (plusieurs) mensonges par omission, pas mal d'anachronismes aussi. Il manque une foule d'histoires dans l'histoire et bien d'autres personnages hauts en couleur. Je n'ai pas réussi à tout mettre, à tout raconter, à tout me rappeler, c'était il y a six ans déjà… Ça me frustre un peu, pardon aux oubliés vous étiez pourtant dignes d'intérêt. Merci Sébastien pour tes petits mails « partage instantané de tes échanges invraisemblables », ça m'a bien aidée.

Faut que je vous dise aussi que cette boîte n'est pas ma première boîte. Non, la première, je l'ai montée avec mon cousin Benny, l'entrepreneur de la famille (je l'adore, mon cousin Benny), et c'est forte de cette première expérience de quelques mois à ses côtés que tout a été possible pour la suite.

Raconter notre quotidien, c'était comme viscéral parce que, vous l'aurez compris, notre travail, ce n'est pas de vendre des heures d'aide à domicile (ça, c'est le moyen de le financer). Le job d'auxiliaire de vie, ce n'est pas juste de faire quelques heures de ménage chez de vieilles personnes. Sans l'équipe qui bosse en coulisses (des Timothé, des Fouzia, des Eve, des Sébastien…), personne ne serait accompagné convenablement. Je me suis dit qu'en vous racontant tout, en partageant nos moments ordinaires, ça serait plus clair pour vous. Cette histoire, c'est du sans filtre, un trop-plein d'émotions à partager. C'est comme rendre toutes ces personnes immortelles, Elvire bien sûr mais pas seulement, les morts comme les vivants. Ce récit, c'est mon cri du cœur. Il y a tellement d'anonymes dans mon histoire que je voulais voir dans la lumière.

Et puis, c'est le livre qui se termine, pas l'histoire. Non, l'histoire, elle, se prolonge encore jusqu'à aujourd'hui. Dix ans elle a, cette boîte…

Roger va bien. J'aimerais vous dire qu'il est en grande forme, mais ça ne serait pas vrai. Je lui ai présenté ma grand-mère, ils sont devenus très copains et tous les Mouchenik l'ont adopté. Mais Roger, en vrai, il n'a pas besoin de ma tribu. On est juste du bonus. Roger, il a tout un tas de copines super sympas.

Madame Ny a rejoint Maître Yoda. Eh oui, les ninjas meurent aussi.

Les fils de Monsieur Rolnik, tout ce qu'ils n'avaient pas pu donner du vivant de leur mère, ils l'ont fait au centuple pour leur père. Ils l'ont emmené à New York et en Argentine. Il n'a manqué de rien, mais lui aussi s'en est allé. J'aurais aimé qu'il vive plus longtemps, il me manque, je l'aimais vraiment beaucoup.

Dan voit toujours des formes, de la lumière, des traits. C'est moins bien qu'avant mais il se débrouille, Marie-Christine toujours à ses côtés. On vient de fêter ses 70 ans. Lui, ça l'embête un peu, 70 ans, il trouve ça vieux, mais moi je suis tellement heureuse de voir vieillir mon père. Je veux connaître Dan quand il aura l'âge de Roger. Là, ça sera du sérieux. Oui parce que vieillir, c'est vivre et vivre, c'est rester longtemps avec ceux qu'on aime.

Mes filles ont 13 et 16 ans. J'ai bien fait de choisir des locaux tout près de la maison. *« Que le temps passe vite Madame, hier encore elles étaient si petites. »*[19]

Madame Diamant m'a fait cadeau d'une partie de sa famille. Lia et Eva, son arrière-petite-nièce, sont toujours très amies.

Et mon amoureux, eh bien… *On est partis tous les deux pour une drôle de vie. On est toujours amoureux et on fait ce qu'on a envie. Il a sûrement fait le tour de ma drôle de vie*[20].

Marie, Mila, Perfection et beaucoup d'autres ont repris le chemin de l'école et sont devenues aides-soignantes. Elles ne vont pas s'arrêter là. Un jour, j'en suis sûre, elles seront infirmières. Parce qu'on peut se former à tous les âges de la vie dans notre pays : une chance.

---

19. Serge Reggiani, « Votre fille a 20 ans ».
20. Véronique Sanson, « Drôle de vie ».

Et puis, surtout, cette petite équipe avec son armée d'aides à domicile est encore en place à Paris. Elle s'est agrandie : Clémence, Mélanie, Valérie, Diénaba, Estelle, Mathilde et plein d'autres auxiliaires de vie : Nabintou, Marie-Odile, Marie-Basile, Clermite, Tezia, Terkia, Catherine… l'ont rejointe. Elle visite, elle recrute, elle accompagne, elle met en place, elle sait faire avec trois bouts de ficelle, elle fait comme elle peut, pas toujours bien mais toujours de son mieux, avec sincérité et implication. Elle m'épate. Elle et tous ceux qui œuvrent avec elle ou comme elle (il n'y en a pas qu'un, de service comme celui-là).

« *Toi l'Auvergnat, quand tu mourras, quand le croque-mort t'emportera, qu'il te conduise à travers ciel, au père éternel.*[21] »

J'aurais aimé être parolier, savoir écrire des chansons. Une comme celles de Brel ou de Barbara. En quelques phrases, tout aurait été raconté. Une chanson qui bouleverse, une chanson qui voyage à travers le temps et les générations, une chanson qui vous rentre dans la tête et dans le cœur, mais je n'ai pas ce talent. Il m'a fallu des pages et des pages, et même comme ça, il en manque. Alors, à défaut de savoir les écrire, si je devais en choisir une pour les dé-

21. Georges Brassens, « Chanson pour l'Auvergnat ».

crire – les Madame Milan, Madame Sage, Madame Lancovot, les Fouzia, les Timothé, les Sébastien, les infirmières à domicile, les Vincent, les Roger et les Monsieur Rolnik et leurs fils, les Andrée et tous les autres… – ce serait celle d'Enzo Enzo :

« *Juste quelqu'un de bien, quelqu'un de bien, le cœur à portée de main, juste quelqu'un de bien, sans grand destin, une amie à qui l'on tient, juste quelqu'un de bien !* »

Quelques petits conseils pratiques intemporels

Comment choisir son service d'aide?

Si vous-même ou l'un de vos proches êtes à la recherche d'un service d'aide à domicile, le mieux pour le trouver est de faire confiance aux professionnels de l'action sociale. Tout le monde a dans son département un ou plusieurs **CLIC** (Centre Local d'Information et de Coordination Gérontologique) et dans sa commune un **CAS** (Centre d'Action Sociale). N'hésitez pas à aller les voir, leur demander la liste des services d'aide intervenant dans votre quartier. Le travailleur social de l'**APA** (Allocation Personnalisée d'Autonomie), la personne qui vient chez vous évaluer votre situation et établir votre plan d'aide est également une formidable personne ressource. Normalement, toutes ces personnes ne doivent pas flécher un service plutôt qu'un autre (il peut y avoir conflit d'intérêt), mais ils ont souvent une très bonne connaissance du secteur et sauront vous dire qui bosse bien.

Enfin, si vous avez recours pour la première fois à un service d'aide et qu'à toutes vos exigences la réponse faite est : « Aucun problème ! », c'est louche, voire impossible dans le contexte que nous traversons. Il y a toujours des problèmes, des imprévus. Comment s'engager sur des événements que l'on maîtrise si peu ? La vraie plus-value de nos services, c'est de savoir y faire face et de trouver des solutions (même imparfaites) pour ne pas laisser les personnes sans aide et accompagnement.

Quel que soit le service que vous choisirez, il faut qu'il ait une ligne d'urgence. Au regard de la fragilité des personnes accompagnées, c'est indispensable.

Une fois choisi :

Assurez-vous que vous aurez une personne référente au sein du service d'aide à domicile que vous aurez choisi. Une personne qui connaîtra et qui suivra votre situation : une Soizic, un Sébastien.

Je crois beaucoup en l'alchimie du duo aidant pro (l'aide à domicile)/aidé (vous ou votre proche). Il faut que vous ayez plaisir à la retrouver. Si vous ne vous sentez pas bien avec l'auxiliaire qui se rend près de vous (même si vous n'avez rien à lui reprocher), il ne faut pas hésiter à demander à en changer. C'est l'un des avantages d'avoir recours à un service prestataire. Elle ne perdra pas son boulot pour autant, ça ne lui causera pas de tort.

Recommandé ou non, ce n'est quand même pas du sûr et certain. Il convient de toujours rester vigilant. J'ai la prétention de diriger un service de qualité et pourtant, vous avez pu découvrir toutes nos mésaventures au cours de mon récit : vol, retard, absences répétées... Alors, même si on est en confiance, on ne laisse pas traîner bijoux et argent (on les cache !). C'est mieux, comme ça, rien ne disparaît et on ne soupçonne personne (on est tous plus à l'aise). On met en place un cahier de liaison qui permet à tous les intervenants à domicile de pouvoir échanger des informations et à la famille de donner quelques consignes et recommandations.

Tarif des services d'aide :

Concernant le tarif, des prix élevés ne sont pas un gage de qualité, même si on pourrait le penser. Si le service vous demande de régler des frais de dossier ou d'inscription, là encore, sachez que ce n'est pas quelque chose qui est demandé de manière systématique. Concernant la facture à venir, il ne faut pas hésiter à demander un devis, qui doit être gratuit. Il faut impérativement que vous sachiez combien ça coûte avant déduction d'impôts et aide financière accordée. Comme ça, pas de mauvaise surprise !

Sachez qu'une heure d'aide à domicile varie entre 19 et 25 euros. Il y a plus cher, mais passé 25 euros, ça se justifie difficilement. Et si vous trouvez moins cher, c'est louche, il s'agit peut-être de mandataire déguisé (vous êtes l'employeur. Ce n'est pas sans conséquences même si, lorsqu'on le choisit, cela peut être très bien aussi).

Lorsque vous passez par un service d'aide prestataire, vous réglez le salaire chargé et les congés payés de votre aide à domicile (dont vous n'êtes pas l'employeur), ses temps de déplacement mais également les frais de structure : les locaux, la bureautique, l'informatique… Bref, tous les frais inhérents à une entreprise et le salaire des personnes qui travaillent dedans (les Fouzia, les Eve, les Sebastien, les Timothé…). Les associations ont à s'acquitter d'une taxe sur les emplois et les entreprises de la TVA. Je vous dis tout ça pour que vous compreniez pourquoi ça coûte autant, un service prestataire, et en même temps, une heure de prestation à 20 ou 30 euros, il faut en faire des heures pour que ce soit rentable…

Pour autant, tout le monde n'a pas besoin d'un service prestataire. Vous pouvez opter pour du gré à gré. Généralement, ça coûte moins cher et l'intervenante est souvent mieux payée ainsi. Vous êtes alors l'employeur. Attention, même si vous réglez l'aide à domicile en chèque emploi-service, il vous faut établir un contrat de travail. En cas d'hospitalisation ou d'absence prolongée de votre part, vous devez malgré tout régler son salaire. Si vous n'avez plus besoin d'elle, il faut procéder à son licenciement. Bref, ce n'est pas sans un certain nombre d'obligations et de contraintes. Le risque majeur étant d'avoir à régler un contentieux aux Prud'hommes. Ça arrive rarement, mais ça arrive quand même.

Contrat de prestation :

Tous les services d'aide doivent vous faire signer un contrat de prestation. C'est obligatoire. S'ils n'en ont pas, ne passez pas par ce service.

Point important : les conditions de résiliation. Il est anormal que la période de préavis imposé par les services excède plus d'une semaine, même si c'est souvent un mois, voire plus, qui est exigé. Il doit être facile de le quitter, et vous ne devez rester ensemble que parce que vous avez confiance en lui et envie de fonctionner ensemble. Pas parce que vous êtes coincé avec un contrat impossible à resilier. Prenez le temps de le lire. Non que vous puissiez le négocier, mais les conditions de résiliation, de facturation, de réalisation de la prestation… Tout y est expliqué.

Vous pouvez également demander le livret d'accueil, lui aussi obligatoire normalement pour les services d'aide.

Tant qu'on a sa tête et qu'on est un peu en forme, il convient de désigner par écrit une personne de confiance à qui le service d'aide peut s'adresser si un jour ça va mal.

Les clés :

Si vous ne pouvez pas ouvrir vous-même à votre aide à domicile (et même si vous le pouvez), ne lui donnez pas votre clé. D'abord parce que cela vous oblige à faire quantité de doubles : pour l'infirmière, pour nous, pour le kiné, pour le portage de repas… et puis souvent, elles se perdent, et la remplaçante ne peut venir les chercher au bureau. Bref, c'est une grosse galère, beaucoup d'énergie et d'argent dépensé inutilement. À défaut de la serrure connectée qui arrive à grand pas sur le marché, optez pour la boîte à clé (petit coffre à code fixé à l'extérieur du logement), c'est top !

Le plus :

Le mieux est de passer par un service d'aide télégéré. C'est un système qui oblige l'aide à domicile à s'enregistrer via le téléphone fixe ou téléphone mobile (ce service ne doit pas être surtaxé, il est compris dans le prix de la prestation). Cela permet de savoir à quelle heure votre intervenante est arrivée et à quelle heure elle est repartie : la confiance n'empêche pas le contrôle. Si le service est conventionné avec le département ou la caisse de retraite, c'est mieux. Cela permet de vous acquitter uniquement du reste à charge. Si le service d'aide équipe ses intervenantes de téléphone mobile leur permettant d'avoir leur emploi du temps en live, c'est top. Cela évite bien des erreurs et cafouillages (les emplois du temps étant de véritables sables mouvants tant ils changent très souvent).

Table des matières

Achevé d'imprimer par
Corlet Numéric, Z.A. Charles Tellier
14110 Condé-en-Normandie

Composition et mise en page : Thomas Ragage

Dépôt légal : mars 2018
N° d'édition : 882
N° d'impression : 165731